12주 작가 수업

한 줄을 한 권으로 바꾸는 글쓰기 플랜

12주 작가 수업

한 줄을 한 권으로 바꾸는 글쓰기 플랜

트레버 트롤
브라이언 모런
마이클 레닝턴 지음
정윤미 옮김

✓ 12 Week Year

1 _____ ■

2 _____ ■

3 _____ ■

4 _____ ■

5 _____ ■

6 _____ ■

7 _____ ■

8 _____ ■

Project

Ideas

for Writers

9 _____ ■

10 _____ ■

11 _____ ■

12 _____ ■

북스톤

드디어 글쓰기 책을 내서 감개무량하다. 나는 수년째 학생들에게 글쓰기를 가르친다. 이제 내 목표는 가능한 많은 독자에게 글쓰기 노하우를 알려주는 것이다. 어쩌다 보니 정치학 교수로 강단에 서지만, 내가 글을 구성하고 관리하는 시스템은 어떤 종류의 글쓰기에도 적용할 수 있다.

이 책은 '12주 프로그램12 Week Year'으로 글쓰기의 효율을 높이는 방법을 알려줄 것이다. 12주 프로그램은 브라이언 모런과 마이클 레닝턴이 개발한 방법인데, 핵심적이면서 단순한 활동에 집중을 반복해 목표를 달성한다. 이 프로그램을 20년간 실천한 덕분에 나는 수없이 다양한 주제로 많은 글을 썼으며, 여러 책을 내고 저널은 물론 신문에 글을 실었다. 블로그나 뉴스레터 운영, 정책 분석이나 서평, 회의 자료 작성, 강의 등에서도 이 프로그램을 활용했다.

먼저 한 가지 당부할 점이 있다. 글쓰기가 직업이 아니라면, 글을 많이 써야만 잘 쓸 수 있다는 부담을 느끼지 않았으면 한다는 것이다. 그럼에도 이 프로그램은 얼마든지 활용할 수 있다. 글쓰기에 대한 목표나 각오가 조금은 불분명하더라도 이 프로그램을 활용하면 목표나 각오가 구체화된다는 사실을 느낄 것이다.

난 어릴 때 SF와 판타지를 정말 좋아해 열두 살 무렵에는 작가가 되고 싶었다. 그래서 열네 살에 처음으로 〈아날로그〉라는 SF 잡지에 글을 보냈다. 내 기억이 맞는다면 우주를 주제로 매우 허무맹랑한 시를 한 편 보냈던 것 같다. 두 달 후 거절의 답을 받고 얼마나 흥분했는지 기억이 생생하다. 비록 거절을 했지만 그들은 내게 계속 글을 쓰라고 친절히 격려해줬으며, 나중에 또 글을 보내라고 했다. 그 답장만으로도 내가 나중엔 작가가 될 수 있으리란 자신감이 생겼다. 그래서인지 내가 직접 쓴 시보다 거절의 편지를 더 오랫동안 간직했다.

하지만 인생 대부분의 일이 그렇듯, 나도 어릴 때 생각했던 것과 전혀 다른 길을 갔다. SF와 판타지를 좋아한 아이는 대학에 가더니 정치학에 푹 빠져들었고, 자신이 소설보다 분석적인 글에 소질이 있음을 깨달았다. 그렇게 소설가가 아닌 학자의 길을 걸었다. 물론 언젠가 소설 한두 편을 쓸 계획은 가지고 있다. 그때도 꼭 12주 프로그램을 적용할 것이다.

이 책을 읽는 여러분 중에는 초보 작가, 논문을 준비하는 대학원생, 소설가 지망생에 전업 작가도 있을 것이다. 이 책을 통해 글쓰기의 생산성을 높이고 더 많은 글을 더 빨리, 적은 스트레스로 완성할 수 있을 것이다. 또한 다음과 같은 도움을 얻으리라 기대한다.

- 글쓰기 비전을 명확히 설정해 의욕과 열정을 키운다.
- 글쓰기 비전에 맞춰 일상 활동을 설정한다.
- 글쓰기 목표 달성에 필요한 계획에 효과적으로 집중한다.
- 글쓰기에서 적정 수준의 긴박감과 동기부여를 얻는다.
- 예측 가능성과 일관성을 통해 글쓰기 목표에 대한 부담을 낮춘다.

- 어떤 글도 쓸 수 있다는 자신감을 얻는다.
- 글쓰기에서 문제점을 빨리 찾아 해결한다.
- 글 쓰는 시간과 아닌 시간을 명확히 구분한다.
- 업무, 개인생활, 글쓰기 시간 사이에 균형이 생긴다.
- 글쓰기 능력을 강화하는 루틴을 통해 프로젝트를 순조롭게 진행한다.

차례

1부 새로운 글쓰기 방법의 필요성

2부 12주 프로그램의 구성

12주 프로그램 실행법으로 보는 차례

↓

☐ 실행 8 12주 프로그램 실행법을 브레인스토밍하자(56p)

↓

☐ 실행 9 12주 프로그램 실행법을 결정하자(60p)

↓

☐ 실행 10 예시주간을 만들자(76p)

↓

☐ 실행 11 목표에 쓸 지표를 정하자(97p)

↓

☐ 실행 12 주간 계획을 완성하자(114p)

↓

☐ 실행 13 주간실행루틴을 실천하자(117p)

↓

☐ 실행 14 13주 차를 검토하자(134p)

1부

새로운 글쓰기 방법의 필요성

1장

나의 글쓰기,
12주 안에 바꾸자

한 편의 글을 완벽하게 마무리해서 공개하는 건 전업 작가에게만 힘든 일이 아니다. 이미 각자의 분야에서 전문가의 위치에 오른 사람에게도 글쓰기는 여전히 가장 힘든 일에 속한다. 글쓰기 외에도 더 긴급한 일이 있고, 직장이나 개인생활에서 처리할 일도 많기 때문이다. 블로그 등에 올릴 글의 마무리, 과제나 보고서 완성, 한 권의 책 탈고, 논문 쓰기와 같은 목표가 있다면, 스케줄을 조정해 글을 쓸 시간부터 만들어야 한다. 특히 행복하고 정상적인 생활을 그대로 유지하면서 글쓰기를 병행하는 방법을 찾아야 한다.

이 책을 읽는 사람은 스케줄을 조정하는 데 어려움을 겪거나 시작한 일을 마무리하지 못해서 쩔쩔맨 경험이 있을 것이다. 이 말에 공감한다면 두 가지를 기억하기 바란다. 하나는 그것이 당신만의 문제가 아니라는 것, 다른 하나는 이 문제를 해결할 방법이 분명히 있다는 것.

글쓰기는 원래 힘들다

《샬롯의 거미줄Charlotte's Web》의 작가 엘윈 화이트는 "글쓰기는 너무 힘든 일이고 건강에 해롭다"라고 말했다. 그런가 하면 독일의 소설가 겸 수필 작가인 토마스 만은 "다른 사람에 비해 글쓰기를 유독 어려워하는 사람이 바로 작가다"라고 했다. 내 경험을 돌이켜 보면, 만의 말에 전적으로 공감한다. 30년 이상 글쓰기와 관련된 일을 했지만 지금도 사설을 쓸 때 생각을 정리하거나 블로그에 올릴 글을 준비하거나 마감일까지 원고를 끝내는 게 얼마나 힘든지 모른다.

흔히 이를 가리켜 '글길 막힘writer's block'이라고 한다. 사실 글길 막힘은 단 한마디도 쓰지 못하는 심각한 백지상태라기보다는 글을 쓰는 과정 전반에 걸쳐 발생하는 여러 가지 어려움 중 하나라고 정의하는 게 더 적절하다. 가장 자주 일어나는 몇 가지를 정리하자면 다음과 같다.

- 생산성 하락
- 집중력 하락
- 실패의 두려움/부정적인 평가/자신감 하락

- 영감이 떠오르지 않아서 생기는 답답함
- 동기 부족/탈진
- 압도되어 아무것도 할 수 없는 느낌/어떻게 시작해야 할지 모르는 막막함
- 차일피일 미루는 태도/마감 일자 넘김
- 글쓰기에 집중할 시간 부족/비효율적인 시간 사용

글쓰기란 원래 외로운 일이다. 아무리 팀 작업이라도 결국은 혼자 앉아서 키보드를 두들겨야 하기 때문이다. 여기서 문제는 자신의 글에 대한 피드백을 충분히 얻기 힘들다는 것이다.

또한 글쓰기는 감정 소모가 큰 일이다. 힘겹게 글을 완성해 세상에 공개하면 그때부터 모든 사람에게 평가를 받는다. 칭찬도 받겠지만 비판도 따라온다. 평가 앞에서 작가는 예민해질 수밖에 없다.

글길 막힘은 프로젝트의 첫 순간부터 발생할 수 있다. 어떻게 글을 시작할지 막막하거나 심지어 주제를 못 정할 때도 있기 때문이다. 많은 사람은 글쓰기를 매우 싫어하거나 글쓰기가 지루하고 힘들다고 생각해 시작 단계부터 고전을 면치 못한다. 이 때문에 종종 글쓰기 프로젝트를 마감일 직전에야 겨우 마무리하기도 한다.

프로젝트 도중에도 글길 막힘이 발생할 수 있다. 일상적인 피로, 어

려운 작업의 연속 등으로 인한 부담이 주요 원인이다.

하지만 글길 막힘은 글쓰기에서 누구나 겪는 문제다. 제아무리 뛰어난 작가라도 글길 막힘을 겪는다. 이러한 불가피한 방해물을 이겨내야만 생산적인 글을 쓸 수 있다는 점을 깨달아야 한다.

글쓰기엔 12주 프로그램이 필요하다

사실 나도 처음에는 건망증이 심했고 조직적인 일처리와 거리가 먼 사람이었다. 이십 대 시절은 대부분 대학원에 있었기에 서른 살이 되도록 제대로 된 하루 일과표도 없이 살았다. 하지만 사회에 나와 첫 직업을 갖고 나서 내가 정리하고 조직하는 면에서 얼마나 부족한지 뼈저리게 느꼈다. 처음으로 직접 팀 회의 스케줄을 정해야 하는데 무엇부터 어떻게 계획해야 할지 몰랐고, 회의 날짜를 정한 후에도 어디에 회의 관련 공지를 해야 할지 몰랐다. 그 무렵, 스티븐 코비가 쓴 《성공하는 사람들의 7가지 습관The Seven Habits of Highly Effective People》을 선물 받았다. 그 책은 내 최악의 약점 몇 가지를 개선하는 데 도움이 됐다. 그뿐만 아니라, 일에서 생산성이 얼마나 중요한지 깨닫고 이 주제에 더욱 관심을 두게 했다.

실제로 이 책 상당 부분은 각종 논문 작성으로 씨름하는 대학원생 수백 명과 나눈 대화에서 영감을 얻었다. 졸업 후 각자의 분야에서 전문가로 일하면서도 여전히 글쓰기를 어려워하는 학생들과도 대화를 많이 나누었다. 덕분에 다양한 분야에서 글을 써야 하는 사람들이 어떤 어려움을 겪는지 폭넓게 이해했고, 어떻게 하면 그러한 어려움을 극복할 수 있는지 더욱 고심했다. "직접 남에게 가르쳐보지 않은 것은 아직 제대로 알지 못하는 것"이라는 옛말이 가슴에 와닿았다. 학생들을 지켜보면서 얻은 가장 큰 교훈은 12주 프로그램이 분야와 사람을 가리지 않고 모두에게 효과적이라는 것이다.

2장

12주 프로그램이란?

12주 프로그램은 비전, 계획, 진행 관리, 점수 기록, 시간 활용이라는 다섯 가지 부문을 통합한 시스템이다. 언제, 어떻게, 무슨 내용을 쓸지 결정하는 데 도움을 주며, 중도에 포기하거나 느슨해지지 않고 목표를 향해 꾸준히 노력하는 방법을 알려준다. 또한 책임감, 커미트먼트 commitment이 단어는 전념, 몰입, 헌신 등 여러 해석이 가능하지만 이 책의 문맥에 맞는 한 가지 표현으로 압축하기 어려워 음역했다_옮긴이, 순간의 위대함에 대해 알려주는데, 이는 12주 프로그램을 성공적으로 실천하는 데 꼭 필요한 3대 원칙이다. 나는 이 원칙들을 확장하여 '글쓰기 마인드셋'이라고 부른다. 이 개념은 글을 잘 쓰는 사람들의 성공비결을 이해하는 데 도움이 된다.

'1년'이 아닌 '12주' 계획을 세워라

대학교 때 과제나 논문을 쓰느라 밤을 새운 경험이 한 번도 없는 사람이 있을까? 글쓰기는 왜 이렇게 많은 사람에게 밤을 새울 정도로 힘든 일일까? 생산적인 글쓰기는 정말 불가능한 것일까?

일단 밤을 새워 글을 쓰는 사람들을 관찰해보면 '절박함'이 얼마나 큰 힘을 발휘하는지 알 수 있다. 물론 학생이라면 누구나 공부보다 놀기를 좋아할 것이다. 하지만 실제로 학생들이 글쓰기 같은 과제를 마지막 순간까지 미루는 일을 반복하는 이유는 기한이 임박해야만 절박함이 솟아나기 때문이다. 나는 이런 현상을 매년 강의실에서 본다. 학기 말에 제출해야 할 과제 등은 학기 초반에 미리 주어진다. 학생들은 제출 기한이 여러 달 남았으므로 학기 말 과제는 우선순위에서 가장 나중으로 미뤄도 되겠다고 생각하는데, 사실상 학기 내내 이 과제를 잊어버린다고 해도 과언이 아니다. 그래서 이들은 "시간이 넉넉하다", "봄방학부터 시작하면 된다", "제출 기한까지 아직 멀었다"라는 말을 자주 하는 것 같다. 다들 학기 후반이 되면 글쓰기 과제가 마법처럼 술술 쓰이는 시기가 오리라 생각하는 것이다. 글쓰기 과제를 위해 구체적인 실행 계획을 세우고 실천하는 학생은 거의 찾아볼 수 없다. 다들 제출 기한이 임박하면 그제야 호들갑을 떨면서 급하게 글을 마무리한다.

이때 한 가지 유의할 사항이 있다. 많은 학생이 제출 기한이 코앞에 닥치면 절박함이 생기고, 그래야만 일의 효율이 최대치로 높아진다고 생각한다는 것이다. 시간이 촉박해야 기운이 솟고 어떻게든 과제를 해내기 위해 전의를 불태운다. 시간에 쫓기면서 논문이나 과제를 가까스로 끝냈는데도 만점을 받았다며 으스대는 학생도 적지 않다.

물론 교사나 교수는 이런 학생을 보면 한숨을 참지 못할 것이다. 하지만 나는 그렇게 으스대는 학생들에게서 한 가지 중요한 사실을 발견했다. 끝이 정해져 있는 긴급 사태는 유리한 조건이 될 수 있다는 것이다. 실제로 해고를 당한 후에 어떤 목표에 몰두하면 정상적인 상황에서는 처리하지 못한 일을 척척 해내는 경우가 있다. 어디서 나온 건지 알 수 없는 힘을 발휘해 더 열심히 머리를 쥐어짜고, 좋은 아이디어를 찾고, 주어진 일에 깊이 몰두한다. 하지만 지루하거나 의욕이 없는 상태에서는 아무리 능력이 뛰어난 사람이라도 많은 일을 처리하기 어렵다고 느낀다. 그렇다고 글쓰기를 마지막까지 미뤘다가 폭발적으로 처리하라는 뜻이 아니다. 글쓰기도 인생도 체계적으로 진행해야 한다. 그러면 긴급성을 적절한 수준으로 활용할 수 있고, 일을 처리하기 위해 두뇌가 필요로 하는 의욕이나 동기도 적정 수준으로 끌어올릴 수 있다.

혹시 연말 파티에서 사람들이 새해 목표를 세우는 것을 본 적이 있는가? 한 친구가 오랫동안 책을 쓰려고 구상하다가 드디어 새해에 본격적으로 쓰기로 마음먹었다고 가정해보자. 아마 달력을 펼쳐놓고 연말까지는 초고를 완성한다는 목표를 세웠을지 모른다. 책을 쓰는 건 방대한 작업이지만 1년은 상당히 긴 시간이므로 초고를 완성하는 데에는 문제가 없다고 생각하는 것이다.

곧 1월이나 2월 말이 되지만 일은 처음 계획대로 진행되지 않은 경우가 많다. 그래도 아직 여러 달이 남았으니 '다른 급한 일이 마무리되면' 충분히 만회할 수 있다고 생각한다. 하루하루 시간이 흐르면서 작업이 조금씩 밀리지만 그에 대한 절박한 느낌은 별로 없을 것이다. 하지만 이런 상태가 몇 달간 지속되면 어떨까? 어느 순간에 "아차" 하고 달력을 보면 이미 한 해가 거의 저무는데, 원고 작업은 제자리걸음이라는 사실을 깨닫는다.

이제부터는 새로운 계획을 세울 때 12주 프로그램을 사용하기 바란다. 어떤 계획이든 12주를 넘지 않도록 하면 된다. 장기적인 프로젝트는 12주 단위로 나눠서 계획하자. 1년이라는 장기간을 내다보는 게 아니라, 12주 이내에 가장 중요한 일이 무엇인지 파악해 그 일을 해내는 데 온전히 집중하는 것이다. 아직 시간이 많으니 괜찮다고 생각하거나 연말까지 미뤄야 절박함이 생겨서 더 잘할 수 있다고 생각하지 말고 12주 프로그램을 적용해보자. 그러면 매일 그날의 분량을 마무리할 수 있고 연말의 절박감이 가져오는 폭발적인 효율성을 매주 경험할 수 있다.

사실 12주는 어떤 일을 해내기에 그리 짧은 시간이 아니다. 학교로 치면 한 학기에 해당하는 기간이다. 동시에 결승선이 너무 멀어서 보이지 않을 정도는 아니므로 적당한 긴장감을 가질 수 있다. 마감일까지 시간이 너무 많으면 미루고 싶은 마음이 커지기 마련이다. 반대로 마감일이 얼마 남지 않았다고 생각하면 업무 생산성이 높아진다. 서둘러야 한다는 생각으로 불필요한 일에 마음을 뺏기지 않고 가장 중요한 과제에 고스란히 집중하기 때문이다.

12주 프로그램으로 계획의 틀을 바꾸면 성패를 좌우하는 핵심 활동에 온전히 집중하며 매일 그 활동 위주로 조금씩 진도를 나가고, 이에 따라 장기적 목표를 달성할 확률도 훨씬 높아진다. 그뿐만 아니라 1년 단위로 계획을 세우고 실천할 때 느꼈던 무거운 중압감을 벗을 수 있다. 12주 프로그램도 압박감을 주긴 하지만, 1년짜리 계획을 진행할 때처럼 부담스럽지는 않다. 마감 시한 표시가 (달력을 마지막 장까지 넘기지 않아도) 항상 눈에 보이니 우선 처리할 일을 명확히 파악할 수 있으며, 적당한 수준의 압박감은 그날 해야 할 일을 미루지 않고 즉시 처리하려는 긍정적인 동기로 작용한다.

12주 프로그램 핵심 부문 실천을 위한 단계

사실 글을 쓰면서 겪는 문제점 대부분은 글쓰기 과정을 어떻게 계획하고 그 계획을 매일 어떻게 실행하는가와 관련이 있다. 12주 프로그램은 글쓰기 프로젝트의 계획과 이행을 개선해 글쓰기의 부담을 크게 덜어준다. 앞서 언급했듯이 이 프로그램은 비전, 계획, 진행 관리, 점수 기록, 시간 활용의 다섯 가지 핵심 부문으로 구성되는데, 이 다섯 가지를 다 사용해 글쓰기를 계획, 실행, 관리해야 한다. 다음 단계에 따르면 이 프로그램으로 글을 잘 마무리할 수 있을 것이다.

1단계, 비전 정하기에서는 글쓰기 비전을 만든다. 나는 왜 글을 쓰는가? 글쓰기는 내 인생에 어떻게 긍정적인 영향을 주는가? 원하는 목표를 이루려면 무슨 내용을 써야 할까? 이렇게 시작하는 것은 매우 중요한데, 비전은 우리가 에너지를 발휘하는 근본적인 이유이기 때문이다. 마음 깊은 곳에 글쓰기에 대한 갈망이 없는 사람은 오랫동안 글쓰기 작업을 할 수 없다. 글쓰기가 인생 목표를 추구하는 데 도움이 된다는 확신을 주는 비전이 있어야 한다. 그러면 글쓰기를 하기 싫은 기분이 드는 날에도 꾸준히 계획대로 글을 써나갈 수 있다.

<u>2단계, 12주 계획 짜기</u>에서는 비전을 근거로 12주간 달성할 가장 중요한 글쓰기 목표를 설정한다. 궁극적인 목표에 도달하기 위해 무슨 내용을 글로 쓸 것인지 정했다면, 지금 당장 쓸 내용 그리고 향후 12주간 쓸 내용을 생각해보자. 이를 '12주 계획'이라고 하는데, 가장 중요한 목표 서너 가지만 넣으면 된다. 그러고 나서 각각의 목표를 달성할 방법을 브레인스토밍한다. 이렇게 짧은 기간을 정해놓고 가장 중요한 목표와 그 달성 방법에 초점을 맞추면, 집중력이 향상되고 의욕이 생겨 전반적인 생산성이 크게 높아진다.

<u>3단계, 계획에 따른 스케줄 짜기</u>에서는 12주 계획이 완성되면 언제 글을 쓸 것인지, 매주 글쓰기에 얼마나 시간을 할당할 것인지, 그 시간을 어떻게 효과적으로 사용할지를 정한다. 무엇인가 성취하려면 그 일에 시간을 할애해야 한다. 많은 경우에 글쓰기에 집중할 수 있는 시간은 제한적이고, 글을 쓸 시간을 내려고 다른 중요한 일을 뒤로 미루기도 한다. 현실을 직시하자. 이 세상은 글쓰기가 아닌 다른 할 일을 우리 앞에 끝없이 던져줄 것이다. 그러므로 글을 제대로 쓰려면 글을 쓰기로 계획한 시간을 뺏기지 않도록 하고, 그 시간에는 온 정신과 마음을 쏟아야 한다. 의도적으로 시간을 잘 관리하려고 노력하지 않으면, 결코 의도한 결과물을 얻을 수 없다.
주간 계획을 보면 해당 주간에 계획을 이행할 시간이 충분한지

판단할 수 있다. 만약 시간이 부족하면, 계획된 일을 줄이거나 다른 일을 조정해서 글쓰기 시간을 늘려야 한다. 스케줄은 구성 단계에서 꼬이기 시작하면 실제로 이행될 확률이 극히 낮다. 12주 계획을 세우면 잘 준비된 상태에서 글쓰기를 시작하는 것이므로, 매일 글쓰기에 할당한 시간을 가장 효율적으로 사용할 수 있다.

4단계, 글쓰기 실행 및 관리에서는 12주 프로그램에서 쓰이는 일련의 도구를 통해 계획 달성 가능성을 높이고, 이를 주간실행루틴으로 만든다. 사람들은 종종 계획을 짜며 때로 아주 효율적인 계획을 세우기도 하는데, 계획대로 실천하는 경우는 드물다. 하지만 12주 프로그램의 다음 도구들을 사용하면, 매일 반복되는 활동을 최종 목표에 맞춰서 계획함으로써 한 주도 허투루 보내지 않는다.

첫 번째 도구는 '주간 계획'이다. 12주에 대한 주간 계획을 세운 다음 마감 일자에 비추어 적절한 핵심 방법을 선택한다. 각 방법과 기한은 주간 계획의 기초가 된다. 12주 프로그램을 이행할 때는 매주 초반에 12주 계획을 검토한 다음 주간 계획을 세운다. 그 주간에 해야 할 일을 나열하는 게 아니라, 최종 목표를 달성하는 데 꼭 필요한 방법을 목록화해야 한다. 물론 상황에 따라 계획을 살짝 변경해야 할 때도 있지만, 주간 계획대로 실천하면 최종 목표를 향해 계속 진보하고 글쓰기를 완성하는 데 가장 중요한 부분에 온전히 집중할 수 있다.

두 번째 도구는 '주간 점수'다. 모든 일에서 그렇듯이 측정이나 평가는 실행을 확인하고 촉진하는 효과가 있어서, 계획을 끝까지 이행할 기동력을 더한다. 그리고 계속 노력해 목표를 달성하는 데 필요한 피드백도 제공한다. 글쓰기의 경우에는 작업의 빈도, 몰두하는 시간, 글의 분량 등을 꾸준히 확인하는 게 중요한데, 어떤 종류의 글을 쓰느냐에 따라 확인해야 할 요소가 추가되거나 달라질 수 있다. 점수는 매주 계획의 몇 퍼센트를 실행했는지, 주요 사항에 큰 차질이 없는지 점검하는 방식으로 매길 수 있다.

글쓰기를 관리하는 세 번째 도구는 '주간 모임'이다. 나는 글 쓰는 직업을 가진 사람들에게 꼭 모임을 갖도록 추천한다. 연구 결과에 따르면 모임이나 그룹에 소속된 사람은 자신의 행동에 대해 더 큰 책임감을 느낀다고 한다. 매주 다른 작가와 모임을 가지면 책임감이 크게 강화되는 효과가 있다. 그런 모임을 통해 좋은 영감을 얻고, 글쓰기 요령을 배우거나 자신의 글에 대해 유의미한 피드백을 얻기도 한다.

네 번째 도구는 '예시주간Model Week'이다. 각 12주 프로그램 초반에 설정하는 예시주간은 글쓰기 작업에 충분한 시간을 확보하면서 다른 중요한 일도 차질 없이 처리하기 위한 도구다. 예시주간에는 가장 바람직한 시간 계획이 마련되므로 매주 이를 기반으로 글쓰기를 진행한다. 예상치 못한 일이 생길 때에는 계획을 어느 정도 조정하되, 글쓰기에 차질이 없도록 시간을 잘 안배해야 한다.

주간실행루틴은 이 도구들을 일관된 방식으로 활용하게 해준다. 우선 매주 점수를 매기며 주간 진행 상황을 점검하는 시간을 따로 떼어놓아야 한다. 지난주 진행 상황을 점검한 후에 점수 카드를 쓰고, 12주 계획을 열어서 다음 주 스케줄을 살펴본다. 매일 아침 그날 집중하는 데 필요한 방법이 무엇인지 정확히 확인한다. 그리고 주간 모임을 통해 자신의 글쓰기 계획과 현황을 공유한다. 이 두 가지를 꾸준히 실천하면 글쓰기의 생산성이 향상되며 최종 목표가 더욱 가까워질 것이다.

12주 계획을 완성하고 관리 도구를 모두 정하고 나면, 글쓰기 마인드셋을 받아들이고 확신에 찬 태도로 계획을 실천해야 한다. 12주 프로그램을 활용한 수천 명의 사례를 보면, 목표 달성에는 완벽함이 요구되는 것이 아니다. 사실 주간 계획을 기준으로 약 80퍼센트만 지속적으로 목표를 달성하면 만족할 만한 최종 결과를 거둔다. 이 프로그램에 익숙해지고 효과를 몸소 경험하고 나면 의욕이 샘솟으며 추진력이 생긴다. 글쓰기의 생산성이 높아짐에 따라 글쓰기가 더는 스트레스로 느껴지지 않는다. 오히려 글쓰기에 자신감이 커지고 실제로 결과물의 질적 수준이 크게 높아진다.

12주 프로그램 글쓰기 맵

무엇을	왜	언제	어떻게	12주 프로그램 부문
비전 정하기	• 행동에 감정적 연결고리 생성 • 집중도, 동기부여를 높이는 에너지 생성 • 계획 및 실천 관련 방향 제시 • 목표 중 우선순위 결정 • 이해 관계자에게 지지와 이해 구하기	• 12주 프로그램 초반부 시행 • 매주/13번째 주에 재확인 • 새로운 비전 등이 떠오르면 기존 비전 수정	• 갖고 싶은 것, 하고 싶은 것, 되고 싶은 것 생각하기 • 야심 찬 비전 정하기 • 단기 비전 정하기 • 글쓰기 비전 정하기	비전 (3장)
12주 계획 짜기	• 명확한 우선순위 정하기 • 방법, 목표, 실행법 정하기 • 주간 계획 정하기 • 집중력 높이기 • 압도되지 않도록 주의	12주 프로그램을 위한 기존 스케줄 조정	• 12주 계획 정하기 • 12주 목표 정하기 • 각 목표에 맞는 실행법 결정	계획 (4장)
계획에 따른 스케줄 짜기	• 적재적소에 시간 배정 • 주변 이들에게 공지(글쓰는 시간에는 방해 말도록 요청) • 글쓰기의 일관성과 리듬 생성 • 글쓰기 계획 실천 역량의 확보	• 12주 프로그램 초반에 예시주간 설정 • 문제 발생 시 타임 블로킹 사용 • 매주 정해진 글쓰기 시간에 집중	• 예시주간 정하기 • 글 쓰는 시간, 완충 시간, 휴식 시간을 위한 블록 정하기 • 타 업무 시간 정하기	시간 활용 (5장)
글쓰기 실행 및 관리	• 일상과 12주 프로그램 목표 연결 • 실천에서 문제가 될 상황에 즉시 대처 • 주변 이들을 통한 지원 획득 • 학습량 상승/문제 해결 능력 개선 • 성취감과 격려 확득 • 책임감 고양 • 목표와 비전을 향한 노력 지속	매일/매주	• 주간 계획은 종이에 따로 작성 • 매주 진행 상황 점수 매기기 • 매주 목표 달성 여부 확인 • 주간 모임 참석 • 주간실행루틴 활용 • 글쓰기 마인드셋 수용	진행 관리, 점수 기록, 시간 활용 (5~8장)

2부

12주 프로그램의 구성

3장

비전 정하기

만약 프로젝트 일정이 촉박하거나 자신이 어떤 내용의 글을 써야 하는지 정확히 안다면, 4장으로 건너뛰어 12주 계획을 세워도 좋다. 프로젝트가 끝났을 때 편안한 마음으로 3장을 읽어보기 바란다.

효과적인 글쓰기 시스템을 만드는 첫 번째 단계는 자신만의 강력한 비전을 만드는 것이다. 비전은 행동에 필요한 에너지를 얻을 수 있는 가장 근본적인 원천이다. 더 나은 미래를 만들겠다고 적극적으로 생각하는 것보다 더 좋은 동기부여는 없다. 그것이 바로 아침에 잠자리에서 일어나 책상에 앉는 이유다. 쇼핑 목록보다 긴 글을 써본 사람이라면, 글쓰기가 그저 행복하고 즐거운 일이 아니라는 점을 알 것이다. 아무 생각이 나지 않거나 머릿속 생각이 뒤엉켜서 한 줄도 쓰기 힘든 날이 대부분이다. 그렇지만 글 쓰는 이유를 분명히 알고 글을 완성했을 때 얻는 결과를 기대한다면, 포기하지 않고 계속 노력할 수 있다. 반대로 명확한 비전이 없으면 이렇게 힘든 과정을 버텨낼 수 없다. 비전이 중요한 또 다른 이유가 있다. 원대한 꿈을 가지면 과거에 스스로 정해놓은 한계를 극복하는 데 도움이 된다.

비전은 개인의 삶과 직업생활에서 원하고 바라는 바를 구체화한 것이다. 대부분의 경우 개인생활과 직업은 서로 밀접하게 연결된다. 가정생활이 힘들거나, 가족과의 관계가 불편하거나, 마음이 편하지 않으면 직장생활도 즐거울 수 없다. 반대로 직장생활이 너무 힘들면 개인의 삶도 균형과 조화를 이루기 어렵다.

실행 1: 야심 찬 비전을 정하자

먼저 야심 찬 비전을 정한다. 지금 바로 5~10분 정도 시간을 내서 갖고 싶은 물건, 하고 싶은 일, 15년 후에 되고 싶은 것을 모두 적어보자. 미래에는 직업을 바꾸고 싶은가? 자영업을 할 것인가? 새로운 곳에 가서 살고 싶은가? 당신의 비전에는 어떠한 정신적, 신체적 요소가 들어가는가? 인간관계나 직업에 관한 요소도 있는가? 무엇을 하며 시간을 보낼 것인가? 누구와 함께 시간을 보내고 싶은가?

우선 갖고 싶은 것부터 써보기 바란다. 여기 이 땅에 사는 동안 갖고 싶은 것을 하나도 빠트리지 말고 모두 생각해보라. '이걸 갖는 일은 거의 불가능할 텐데'라는 생각이 들어도 일단 써놓는다. 정리할 부분이 있더라도 나중에 하면 된다. 특정 지점에서 생각이 막히는 것 같아도 걱정할 필요가 없다. 시간이 조금 지나면 다시 편안하게 생각의 흐름이 이어지면서 더 깊이 있고 유의미한 아이디어가 떠오를 것이다. 지금 목표는 최대한 긴 목록을 만드는 것이다. 세부 사항에 크게 신경쓰지 않아도 된다. 그것은 단기 비전을 만드는 단계를 위해 남겨두자.

갖고 싶은 것을 다 적은 후에는 하고 싶은 것과 되고 싶은 것을 쓴다. 이렇게 세 가지 목록이 완성되면, 각 목록에 서로 겹치는 부분이 있는지 확인해보라. 그리고 특별하게 감정적으로 매우 끌리는 것을 따로 표시한다. 생각나는 것은 일단 전부 적기 바란다. 고칠 부분이 있어도 지금은 손대지 말고 그냥 두어도 된다.

야심 찬 비전 만들기: 꿈, 희망, 열정

갖고 싶은 것	하고 싶은 것	되고 싶은 것

비전을 정하는 게 처음이라 어색하거나, 지금 인생에서 아주 큰 변곡점에 도달해 조만간 큰 변화를 겪을 예정이라면, 가만히 멈춰서 이성이 아닌 '본능'에 귀를 기울여도 좋다. 바쁜 일상생활에서 잠시 벗어나서 조용히 생각에 잠길 시간을 낼 수 있다면 좋을 것이다. 따로 휴가를 내거나 주말에 잠시 여행을 떠날 수 있다면 최선이겠지만, 그렇게 하기 어렵다면 점심시간에 잠깐 산책만 해도 적잖은 도움을 받을 수 있다.

심사숙고할 시간을 거친 후에 소리 내어 말하면서 생각을 정리해 비전이 더 선명해지면, 따로 시간을 내 비전을 짧은 이야기 형식으로 정리해본다. 길이는 한두 문단이면 충분하다. 이렇게 하는 이유는 먼 미래를 간단히 정리해서, 개인적 또는 직업적 목표를 위해 실질적인 노력을 기울이려는 의욕을 높이는 것이다. 이 내용은 글로 쓰거나 인쇄한 다음 책상과 같이 눈에 쉽게 띄는 곳에 잘 붙여둔다.

실행 2: 야심 찬 비전의 내러티브를 만들자

이제 갖고 싶은 것, 하고 싶은 것, 되고 싶은 것을 적은 목록을 기반으로 인생 전체에 대한 장기적 비전을 만들어보자. 향후

10~15년간 자신이 어떤 인생을 살고 싶은지 생각하면 조금 쉬울 것이다. 물론 인생에서 가장 중요한 목표나 꼭 해보고 싶은 일을 빠트리면 안 된다. 이러한 비전은 맞거나 틀리다고 판단할 수 없다. 자신이 원하는 삶이 곧 정답이기 때문이다.

실행 3: 단기 비전을 정하자

먼 미래에 대한 비전이 어느 정도 형성되면, 그다음에 할 일은 다시 물러나서 가까운 미래를 생각하는 것이다. 이 시점에서도 생각을 크게 갖는 게 좋다. 하지만 짧게는 1년, 최대 3년 정도 생각하는 게 적당하다. 그렇게 해야 최종 목표를 달성할 방법에 대해 효과적으로 생각할 수 있다.

야심 찬 비전을 향해 노력하면 향후 몇 년간 어떤 변화가 생길까? 약 1~2년 후에는 무엇을 이룩할 수 있을까? 그때쯤이면 무엇을 할까? 그리고 지금과 달리 어떤 멋진 삶을 살까? 학교를 졸업하고 직장을 찾았을까? 아니면 지금 직장에서 다른 곳으로 옮겼을까? 새로 학위 과정을 시작했거나 승진을 준비하기 위해 별도의 교육을 받기로 했을까? 다른 지역으로 이사했을 수도 있고, 오랫동안 계획해온 뉴스레터 발행을 시작했거나 영화 시나리오 계약을 했거나 학위 논문을 드디어 끝냈을지도 모른다. 이런 식으로 가까운 미래를 구체적으로 생각하면, 의미 있는 12주 목표와 12주 계획을 만들 수 있다.

단기 비전은 장기적 비전에 얼마나 가까워졌는지 보여주는 척도가 된다. 야심 찬 비전을 정하고, 갖고 싶은 것, 하고 싶은 것, 되고 싶은 것도 목록으로 작성했으니 이제는 더 구체적인 점을 생각할 단계다. 일례로 장기적 비전 중에 '자기 힘으로 부자 되기'가 있다고 생각해보자. 그러면 부채 청산을 단기 비전에 넣을 수 있다. 시리즈로 된 책 출간이 장기적인 글쓰기 목표라면, 일단 첫 소설을 펴내는 일을 단기 비전에 넣어야 한다. "1년 (또는 3년) 후에는 … 할 것이다"와 같은 형태로 단기 비전을 만들면 된다.

실행 4: 글쓰기 비전을 정하자

이렇게 두 종류의 비전을 정하고 나면, 글쓰기가 당신의 비전을 달성하는 데 어떤 역할을 하는지 생각해야 한다. 잠깐 미래를 상상해보라. 당신은 전업 작가가 될 생각이 있는가? 당신이 꿈꾸는 삶에는 정기적으로 글 쓰는 활동이 들어가는가? 아니면 글쓰기는 목표를 이루는 과정에서 잠시 쓰는 일종의 방법인가? 글쓰기를 중심으로 경력을 개발할 생각인가, 아니면 여유 시간에 취미 삼아 즐기는 활동으로 남겨둘 것인가? 단기적으로 볼 때 글쓰기 프로젝트는 당신이 책임진 일 중 몇 번째 우선순위에 오는가? 새로운 글쓰기 프로젝트를 진행하는 것은 내년 계획에서 최우선으로 할 일에 속하는가? 그렇지 않다면, 다른 우선순위를 먼저 처리한 후에 글쓰기에 얼마나 시간을 투자할 수 있는가?

어떤 이는 글쓰기에 시간을 더 많이 할애하거나 글쓰기를 인생에서 더 중요한 일로 만들려고 노력한다. 그런 사람은 이제 글쓰기 시간을 더 늘릴 방법을 찾아야 한다. 그런데 시대를 막론하고 어떤 분야에서든 높은 생산성을 달성한 전문가들이 공통으로 하는 말이 있다. "인생에서 하고 싶은 것을 다 할 수는 없다." 글을 많이 쓰려면 다른 것은 어느 정도 포기해야 한다.

또 한 가지 유의할 점은 자신의 인생에서 중요한 사람들과 적절한 합의를 보는 것이다. 사실 소설을 쓰고 박사 학위에 도전하고 블로그에 주 3회 이상 글을 올리는 일을 누가 시켜서 하는 사람은 별로 없다. 그런 것은 어디까지나 '자신'이 직접 정한 목표다. 책을 읽다 보면 저자가 감사의 말에서 오랫동안 책 쓰는 일에만 매달린 자신을 참아주어서 가족에게 고맙다고 하는 것을 자주 볼 수 있다. 실제로 글쓰기는 주변 사람의 이해와 관용이 필요한 일이다. 모든 일을 제쳐놓고 글쓰기에만 오랫동안 매달려야 할 때가 많기 때문이다.

글쓰기 비전 만들기는 그리 긴 시간이 걸리지 않는다. 먼저 야심 찬 비전과 단기 비전을 정할 때 이미 나열했던 글쓰기 목표를 그대로 가져오면서 시작하자. 거기서 조금 더 구체적인 목표, 새로운 목표를 정하면 된다. 15년쯤 후에 자신이 어떤 작가가 됐을지 상상해보라. 그다음에 향후 1~3년간 어떤 내용의 글을 쓰고 싶은지 생각한다.

글쓰기 비전은 야심 찬 비전과 단기 비전에 들어간 글쓰기 관련 요소를 포괄해야 한다. 이러한 요소를 기초로 자신이 어떤 작가인지, 앞으로 어떤 작가가 될 것인지, 무엇에 대한 글을 쓰고 싶은지 규정하는 짧은 이야기를 만들어내야 한다. 예시가 필요하다면 다음 문장을 참고하기 바란다.

"앞으로 3년 안에 SF 소설 첫 작품을 내고 SF판타지작가협회 정회원이 될 것이다. 장기 목표는 전업 작가가 되어 문단 상을 받고 전 세계를 순회하며 SF 소설 쓰기 워크숍을 진행하는 것이다."

실행 5: 다음 글쓰기 프로젝트를 정하자

4장부터 12주 계획을 세우는 방법을 찬찬히 살펴볼 것이다. 하지만 그보다 먼저 자신의 새로운 글쓰기 프로젝트를 정해야 한다.

글쓰기 비전이라는 큰 틀을 벗어나지 않으면서, 단기 비전을 달성하기 위한 첫걸음이 될 프로젝트를 구상해본다. 이것은 장기 비전과도 연결되는 과정이다. 이미 진행 중인 프로젝트가 힘들어서 이 책을 읽는 것이라면 이 단계가 쉬울 것이다. 소설이나 학위 논문 또는 회사 업무상 아주 긴 보고서를 써야 하는데 애를 먹고 있는 경우가 여기에 해당한다.

이와 달리 글쓰기 프로젝트를 마쳤으나 새로운 프로젝트를 아직 시작하지 않은 사람도 있을 것이다. 그러면 이번 기회를 빌려 자신의 글쓰기 비전에 잘 맞는 프로젝트를 기획해보기 바란다. 다시 말하지만 생각을 크게 가지는 게 좋다. 단, 계획을 세울 때는 주변 사람의 기대치에 휘둘리지 않도록 조심해야 한다.

그리고 다음 글쓰기 프로젝트를 정해보자. 이것을 정하는 데에는 몇 분밖에 걸리지 않는다. 야심 찬 비전과 단기 비전을 들여다보면, 내가 지금 적절한 방향으로 가는지 판단할 수 있다. 자신의 꿈과 희망을 잘 생각하면, 무엇에 대해 글을 써야 할지 좋은 아이디어가 떠오를 것이다.

4장

12주 계획 짜기

12주 계획 짜기를 좀 더 쉽게 익히기 위해 특정 프로젝트의 경우에 비추어 생각해보자. 《글쓰기 안내서》라는 가상의 책 쓰기 프로젝트를 예시로 사용해보겠다. 정식으로 책을 출간한 작가이자 글쓰기 코치가 되는 것을 단기 비전으로 설정한 사람이 이제 이 책을 쓰는 프로젝트를 시작해야 한다. 4장에서는 이 프로젝트에 대한 12주 계획을 짜는 과정을 소개할 것이다. 이 예시를 참고해 당신의 글쓰기 프로젝트에 대한 12주 계획을 직접 만들어보기 바란다.

12주 목표. 글쓰기와 관련해 가장 많이 겪는 어려움이 무엇인지 살펴보고, 그중에서 《글쓰기 안내서》의 주제를 선택한다.

목표 1: 책의 주제 정하기

주요 실행법/행동	기한
글쓰기 관련 가장 많이 발생하는 어려움을 알기 위한 인터뷰어 선정	1주 차
인터뷰 스케줄 짜기	1~2주 차
인터뷰	2~3주 차
관련 조사	1~4주 차
관련 연구 문헌 수집	1~4주 차
가장 많이 발생하는 어려움 1~3위 선정	5~6주 차
수집한 문헌에서 1~3위 해당 부분 정독	6~10주 차
1~3위에 대한 추가 문헌 수집	6~11주 차
책 주제 선정	12주 차

가장 먼저, 글쓰기 프로젝트를 몇 개의 작은 프로젝트로 세분화해야 한다. 《글쓰기 안내서》 출간의 경우 단지 '책 내기'라는 말로는 부족하다. 이것은 프로젝트 전체를 가리키는 말이므로, 무엇을 어떻게 시작해야 할지 전혀 감이 오지 않는다. 이를 여러 개의 훨씬 작은 프로젝트, 즉 청크chunk 이해, 기억, 관리가 용이하도록 하나의 개념을 세부적인 정보 덩어리로 나눈 것_옮긴이로 나누어야 비로소 무슨 일을 어떤 순서로 해야 할지 파악된다.

청크로 나누는 과정을 거듭하다 보면, 몇 개의 청크를 모아서 12주 단위로 실행 가능한 글쓰기 프로젝트를 구성할 수 있다. 이러한 청크가 곧 12주 목표가 되는 것이다. 지금은 청크를 어느 정도 크기로 해야 좋을지, 목록을 얼마나 구체적으로 만들어야 할지, 배열 순서를 어떻게 해야 할지 걱정하지 않아도 된다.

지금 할 일은 책 한 권을 내기까지 반드시 거쳐야 할 과정을 몇 개의 필수적인 소형 프로젝트로 정리하는 것이다. 소형 프로젝트의 순서는 자기 판단에 따라 임의로 정한다. 각 프로젝트의 소요 시간도 대략적으로 예상하면 된다. 실제로 대형 글쓰기 프로젝트는 진행 과정에서 여러 번 수정되기 마련이다. 여러 가지 일을 가장 효율적으로 처리하려고 애쓰다 보면 주요 목표의 최종 목록과 목록상의 순서는 어느 정도 바뀐다. 가장 중요한 것, 다시 말해서 지금 집중해야 할 목표는 프로젝트를 진행하기 위해 우선적으로 처리해야 하는 것이다. 《글쓰기 안내서》를 쓰는 것은 이른바 '메가' 프로젝트이므로, 다음과 같이 12주 목표를 정할 수 있다.

- 책의 주제 정하기(~12주)
- 부가적인 내용 조사(~12주)
- 1장 쓰기(~4주)
- 2장 쓰기(~4주)
- 3장 쓰기(~4주)
- 4장 쓰기(~4주)
- 결론 쓰기(~2주)
- 서문 쓰기(~2주)

- 피드백 받은 후에 최종 원고 완성(~8주)
- 제안서를 쓴 다음 출판사 물색(~4주)
- 출판사와 계약 조건 협상(~2주)
- 출판사 요구에 따라 수정 및 원고 교열(~8주)

별것 아니지만 이렇게 세부 사항을 추가하기만 해도 '책 내기'보다는 훨씬 현실성 있는 계획이 된다. 다시 한 번 강조하지만 지금 이러한 과정은 미래를 예측하는 활동이 아니다. 이 단계에서는 이 예상치를 기반으로 특정 일자까지 책을 내겠다고 제삼자에게 약속하기 어려울 것이다. 책이 과연 4장에서 끝날지, 적당한 출판사를 찾는 데 시간이 얼마나 걸릴지 알 수 없기 때문이다. 그렇지만 이렇게 큰 프로젝트를 12주 목표로 세분화하면 어디부터 시작해야 할지 파악할 수 있으므로 매우 중요한 첫 단계다.

오랫동안 사람들이 글쓰기 목표를 세우도록 도운 나의 경험을 토대로, 12주 목표를 효과적으로 설정하기 위한 몇 가지 방법을 제안한다.

목표는 구체적이고 측정 가능해야 한다. 무엇을 달성하고자 하는지 가능한 정확하게 표현하는 게 좋다. 이것이 어려울 때도 있지만, 많은 경우에 목표를 구체적으로 기술할수록 진행 과정을 확인하고 언제쯤 목표를 달성할지 쉽게 가늠할 수 있다. 예를 들어, '1장 초안 작성하기'라든가 '1만 단어 분량 완성하기'는 구체적이고 측정 가능한 목표다. 이에 반해, '1장 완성하기', 'X라는 주제를 조사하기'와 같은 목표는 구체적이지 않으며 어느 정도 진행됐는지 수치화하여 확인하기 어렵다. 구체적인 목표 제시가 어렵다면 일단 목표를 구체적으로 만드는 요령부터 익혀야 한다.

목표는 긍정적 언어로 써야 한다. 우리는 목표를 향해 열심히 노력한다. 시선과 마음이 목표를 향하므로, 목표는 우리에게 중요한 대상이다. 목표를 긍정적인 표현으로 진술해야 의욕이 생기고 긍정적 방향으로 행동한다. '미루지 말고 1장 써보기'와 같은 목표는 자신을 설득하는 데 그리 효과적이지 않다. 자신이 정해진 시간에 맞춰서 일을 끝내는 데 어려움이 있더라도, 이런 부정적인 표현보다는 긍정적인 표현으로 목표를 설정하기 바란다. 이를테면 목표를 달성할 때의 결과를 강조해 '6월 1일까지 1장 끝내기'라는 목표를 정할 수 있다.

목표는 현실적으로 달성 가능해야 한다. '이번 달에 한 페이지 써보기'와 같이 아주 쉬운 목표를 세우면, 금방 목표를 달성해 만족감을 느낄 수 있다. 이렇게 진행 과정에서 긍정적인 느낌을 맛보는 것은 중요한 경험이다. 물론 목표가 너무 낮으면, 그 과정을 거쳐도 자신이 발전할 가능성이 없으므로 별로 도움이 되지 않는다. 반대로 '이번 달 내로 소설 한 편 완성하기'와 같이 지나치게 힘든 목표를 세우는 것도 바람직하지 않다. 열심히 노력해서 이 목표를 달성할 수도 있겠지만, 정해놓은 기한 내에 끝내지 못하고 좌절할 가능성이 훨씬 더 크다.

너무 쉽지도 너무 어렵지도 않은 중간 정도의 목표를 세우기 바란다. 그러면 자신의 한계를 넘어야 할 정도로 고생하지 않으면서도 생산적으로 글쓰기에 몰두할 의욕이 생길 것이다. 많은 사람에게 글쓰기는 단거리 경주가 아니라 평생 계속되는 마라톤이라고 할 수 있다. 어떤 프로젝트를 서둘러서 얼른 마치는 것보다는 오랫동안 편하고 즐거운 마음으로 글을 쓰는 게 더 중요하다.

실행 6: 프로젝트를 12주 청크로 나누자

드디어 직접 해볼 차례다. 당신의 글쓰기 프로젝트를 시간순으로 여러 개의 소규모 프로젝트 청크로 나누는 것이다. 하나의 청크는 최대 12주를 넘지 않도록 한다. 이러한 청크가 곧 12주 계획과 같다고 보면 된다. 청크의 정확한 순서나 개수는 별로 중요하지 않다. 글쓰기 프로젝트를 구성하는 모든 청크를 빠트리지 않고 모두 집어넣기만 하면 된다.

- _____
- _____
- _____
- _____
- _____
- _____
- _____
- _____
- _____
- _____
- _____

이제 이 중 어느 것을 첫 번째 12주 목표로 삼을지 정한다. 계획마다 1~2개의 주요 목표를 정하고 거기에만 온전히 집중하는 것이 가장 바람직하다. 한 학기에 너무 많은 과목을 수강한 학생이 좋은 학점을 받을 수 없듯이, 목표가 너무 많으면 쉽게 지치고 결국 실패할 우려가 있다. 특히 12주 프로그램을 처음 활용하는 경우라면 이 계획 단계에서 주의할 점이 있다. 많은 사람이 기한을 정할 때 지나치게 낙관적으로 생각하는 경향이 있는데, 아마 당신도 의욕이 넘쳐서 기한을 빠듯하게 정하려고 할지 모른다. 하지만 목표를 정할 때는 너무 욕심을 부리지 말고 현실적인 범위 내에서 해야 한다. 이 방법을 사용하면서 경험이 누적되면 자신이 어느 정도 해낼 수 있는지 가늠하는 요령이 생긴다. 하지만 처음 이 방법을 쓸 때는 중도에 여러 번 수정하고 변경하게 될 것이다.

실행 7: 첫 번째 12주 프로그램의 목표를 정하자

지금은 대략적인 목표 몇 가지가 있으므로 그중에서 나의 첫 12주 프로그램에 맞는 목표를 고르면 된다. 지나치게 무리하지 않는 범위 내에서 최상의 모멘텀을 끌어낼 수 있는 게 좋다. 첫 단추를 잘 끼우면 나머지 목표를 실행하기도 한결 쉬워질 것이다. 단, 12주라는 기간 내에 너무 많은 목표를 달성하려고 욕심을 내면 안 된다. 현실적으로 실행 가능한 만큼만 선택하고, 각 목표에는 명확한 마감일을 정해야 한다.

	내용	마감일
목표 1		
목표 2		
목표 3		
...	...	...

12주 목표가 완성됐다면, 이제는 이 목표 달성에 사용할 실행법을 정해야 한다. 여기서 실행법은 목표를 가장 효율적인 방법으로 달성하는 데 초점을 맞춰야 한다.

때로는 어떤 목표가 이미 친숙하거나 자주 반복되어서, 목표를 이루는 방법을 일일이 고심할 필요가 없다. 하지만 글쓰기와 관련해서는 하나의 목표로 연결되는 경로가 거의 무한대에 가깝다. 예를 들어, 추리소설 줄거리와 관련된 문제를 해결하는 방법, 유명 기업인에게 인터뷰를 요청하는 방법, 연극 역사에 대한 논문을 가장 효율적으로 완성하는 방법은 간단하지가 않다.

이런 도전 과제에 직면하면 전략적으로 생각해야 한다. 이 목표를 달성하려면 어떤 행동을 어떤 순서로 진행해야 할까? 실행법은 전략적인 마인드셋에서 나오는 핵심 산물이다. 실행법을 결정할 때는 서두르지 말고 충분히 시간을 들이는 게 좋다. 그저 생각나는 대로 이렇게 하면 좋겠다 싶은 행동을 모두 써놓는 것은 진짜 실행법이 아니다.

마인드맵 활용하기

먼저 필기구를 준비한 다음 목표마다 시도해볼 만한 실행법을 최대한 많이 써 내려간다. 나는 창의적인 에너지를 발휘하고 비선형적 사고를 할 때 마인드맵을 쓴다. 목표를 달성하는 아이디어에 대해 생각나는 대로 모두 적으면 된다. 브레인스토밍 단계이므로 질적 수준, 타당성, 처리 속도, 효율성 등은 고려하지 않는다. 여기서는 실행법 목록을 완성하는 게 관건이다. 아이디어를 많이 낼수록 우수한 실행법을 뽑아낼 기초 자료가 많아지는 것이다.

《글쓰기 안내서》 예시로 돌아가서, 12주 목표 중 첫 번째 목표에 대한 마인드맵을 만든다고 생각해보자. 이 단계에서는 책의 주제를 정해야 한다. 마인드맵 1은 내가 브레인스토밍한 결과를 정리한 것이다. 이렇게 긴 목록을 다룰 때는 보기 좋게 도식화해야 한다. 그러면 마인드맵 2처럼 몇 개의 카테고리로 묶을 수 있다. 반드시 이렇게 해야 하는 것은 아니지만, 최종적으로 가장 좋은 실행법을 선택하거나 만드는 데 상당히 도움이 된다.

마인드맵 1

작가 대상
온라인 설문조사
실시 광고 게재

학생 대상
인터뷰 실시

친구나 동료와
이야기 나누기

설문조사 결과
주요 내용 평가

글쓰기의
어려움에 대한
문헌 검색

출판 경력 작가와의
인터뷰 실시

도서 및 문헌에서
찾은 내용 평가

책 주제
정하기

글쓰기 관련 문제,
작가의 블록 등
관련 단어
인터넷 검색

다른 교수에게
강의 시간 중
학생 대상
설문조사 부탁

글쓰기 관련
기존 도서 검색

글쓰기 전문 강사와
이야기 나누기

출판 경력이 없는
작가와
이야기 나누기

글쓰기 모임이나
작가에게
설문조사 송부

인터뷰에서 알아낸
주요 내용 평가

마인드맵 2

실행 8: 12주 프로그램 실행법을 브레인스토밍하자

지금까지 마인드맵을 사용해 12주 목표별로 적절한 실행법 몇 가지를 브레인스토밍했다. 앞서 말했듯이 이 단계에서는 어떤 실행법이 얼마나 우수한지, 실행 가능성이 큰지를 깊이 고민할 필요가 없다. 목표 달성에 도움이 될 만한 것이라면 무엇이든 가능한 많이 생각해내는 데 집중해야 한다.

실행법 목록 압축하기

실행법 목록이 대략 완성되면 전략화 단계로 넘어간다. 목록의 방법을 모두 실행하는 것은 불가능하며, 그럴 필요도 없다. 목표를 가장 효율적으로 달성하려면 어느 실행법이 가장 나을지만 결정하면 된다. 우선 두 가지를 실행하자. 첫 번째로는 자신이 할 수 없는 것, 하고 싶지 않은 것, 별로 좋지 않은 아이디어라고 생각되는 것은 과감히 삭제한다. 두 번째로는 가장 효과적으로 보이는 실행법 하나를 선택한 다음, 이 방법으로 목표를 달성할 수 있는지 가늠해본다. 가능하다면 그 실행법을 쓰면 되고, 아닌 것 같다면 다음 실행법으로 넘어간다.

당신도 아마 처음에 아이디어를 나열할 때는 '하면 좋지만 반드시 해야 하는 것은 아닌' 방법을 넣을 것이다. 또는 처음에는 좋아 보이지만 지나고 보면 그리 좋은 아이디어가 아닌 방법도 적을 것이다. 이번 예시의 경우, 작가들을 대상으로 대규모 온라인 설문조사를 해보자는 아이디어를 제시했다. 그런데 좀 더 생각해보니, 그렇게 하려면 비용이 많이 들고 시간도 오래 걸릴 것 같았다. 게다가 숫자를 잘 다루지 못해서 진행 과정을 감당할 엄두가 나지 않았다. 결국 대규모 온라인 설문조사를 포기했고, 같은 이유로 또 다른 설문 조사 방식도 아이디어 목록에서 삭제했다.

이제 좀 더 실현 가능성이 높은 실행법을 살펴보자. 문헌 검토와 인터뷰라는 두 가지 아이디어가 있다. 일단 모든 문헌을 검토하고, 모든 인터뷰 작업을 실행에 옮길 수도 있다. 하지만 좀 더 전략적으로 생각하자. 책의 주제로 무엇이 가장 좋겠냐는 질문을 해결할 단 하나의 실행법이 맵에 있는가? 맵을 보면 문헌 검토와 인터뷰만으로는 부족하다는 사실을 알 수 있다. 물론 두 방법이 필요 없다는 건 아니다.

이 시점에서 가장 적절한 질문은 '이 책에 가장 적절한 주제를 정하는 데 가장 좋은 첫걸음이 무엇인가?'다. 작가 인터뷰는 비용이 들 텐데, 정확히 어떻게 진행해야 할까? 초보 작가, 경험이 많은 작가, 유명 작가 등을 고루 선정해 5~10명 정도 우선 인터뷰해보는 것은 어떨까? 글을 쓸 때 무엇이 가장 힘든지, 어떤 방법으로 그 어려움을 극복했는지 물어볼 수 있다. 이 단계에서는 차분히 앉아서 써놓은 목록, 주제, 좋은 아이디어를 찬찬히 살펴봐야 한다.

'레버리지'가 높은 실행법은 대개 좋은 결과를 얻는다. 앞서 인터뷰를 먼저 진행하기로 했는데, 이렇게 하면 문헌 검토 방식이 근본적으로 달라질 수 있다. 다시 말해서, 보다 효율적으로 문헌을 검토해 시간을 많이 단축한다. 물론 소수를 대상으로 한 인터뷰에서 판도를 바꿀 만한 대단한 정보를 얻을 리 만무하다. 그렇지만 핵심은 전략적으로 발전할 실질적인 가능성이 있다는 것이다. 이런 과정을 자주 반복하면 더 빠르고 효율적으로 목표를 달성한다.

각 목표에 대한 실행법을 고민하면서 이렇게 자문해볼 수 있다. 초기 실행법을 활용하면 이어지는 다른 실행법의 효율성이나 효과를 높일 수 있는가? 특정한 실행법을 자신의 목록에 넣었다면, 계획대로 시행하기 전에 가장 효과적으로 실행법을 활용할 방도를 좀 더 고민해보기 바란다. 이렇게 세심하게 확인하고 신경쓰면 그것이 모여서 큰 변화나 발전을 가져온다. 목표를 작성할 때와 마찬가지로, 실행법을 만드는 것도 오랜 시간에 걸쳐 완성되는 기술이자 과학이다. 효과적인 실행법을 세우는 데 도움이 될 몇 가지 주의 사항을 소개한다.

- 목표와 같은 기준에 따라 작성
- 능동형/완벽한 문장으로 작성
- 정해진 기한까지 실행하되 사전 작업이 많지 않도록 함(여러 단계로 나눠야 한다면 좋은 실행법이 아님)

- 각 실행법의 사용 빈도와 기한을 항상 확인

목표를 정할 때와 마찬가지로 실행법에도 마감일을 정해야 한다. 이제 달력을 앞에 놓고 언제까지 무엇을 할지 정해보자.

실행 9: 12주 프로그램 실행법을 결정하자

12주 프로그램 목표마다 어떤 실행법을 사용할지, 언제를 기한으로 할지 정한다.

목표 1: _____

주요 실행법/행동	기한

목표 2: _____

주요 실행법/행동	기한

목표 3: _____

주요 실행법/행동	기한

이제 12주 프로그램을 실시할 계획이 완성됐다. 목표, 실행법, 일정이 모두 담겨 있다. 관건은 실천이다.

5장

계획에 따른
스케줄 짜기

12주 계획을 잘 실천하려면 계획을 짤 때 글쓰기에 시간을 넉넉히 안배해야 한다. 아주 당연한 말이라서 굳이 언급할 필요가 없다고 생각할지 모른다. 하지만 내 경험상, 글쓰기에 충분한 시간을 할애하는 것 자체가 가장 힘든 일이라서 많은 사람이 시간 내기에 상당한 부담감을 느낀다.

한 가지 분명한 사실은, 글을 쓸 시간을 따로 계획하지 않으면 절대 글을 쓸 수 없다는 것이다. 정기적으로 글을 쓸 시간을 계획하지 않으면, 정기적으로 글 쓰는 일은 절대 이뤄지지 않는다. 글쓰기 분량을 늘리고 싶다면 반드시 글쓰기에 투자하는 시간을 늘려야 한다. 한마디로, 계획을 세우지 않으면 전혀 전진할 수 없다. 12주 계획을 세우는 것은 이 사실을 인정하고 받아들인다는 뜻이기도 하다. 목표를 정하고, 각 목표를 달성하는 데 필요한 실행법을 찾아내고, 12주에 걸쳐 실행법을 실시하고자 진지하게 노력한다는 점에서 말이다.

12주 계획을 시행할 시간을 낼 때는, 먼저 글쓰기에 집중할 수 있는 주간 계획을 마련해야 한다. 이것을 '예시주간'이라고 하는데, 한 주의 시간을 어떻게 활용할 것인지 보여주는 스케줄이다. 예시주간은 매주 점검이 필요하다. 12주 계획의 실행법을 모두 시행할 수 있는 시간이 확보되는지 확인하고, 시간 확보가 되지 않으면 다른 일정을 빼거나 전체적으로 일정을 조정해야 한다.

12주 프로그램에 '예시주간'이 필요한 이유

주 단위로 글쓰기 스케줄을 만들면 큰 도움이 된다. 사실 스케줄을 마련하는 것만으로도 몇 가지 유의미한 변화가 생긴다.

첫 번째, 자신의 일과를 12주 계획과 연결해 생각한다. 12주 계획상 6000단어 분량의 글을 매주 써야 한다면, 그만큼 시간을 충분히 확보해야 한다. 목표를 정하고 실행법을 고심할 때, 스케줄이 가장 중요한 제약조건이 된다. 12주간 작업할 수 있는 분량은 글쓰기에 투자하는 시간과 직결되기 때문이다. 예시주간을 설정해놓으면 12주간 쓸 수 있는 글의 분량을 가늠하고 계획하는 데 큰 도움이 된다. 이런 건 대충 머릿속으로 정리해도 된다고 생각하면 안 된다. 지금 종이에 글쓰기 스케줄을 완성할 수 없다면, 현실에서 아무것도 이룰 수 없을 것이다.

두 번째, 글쓰기 스케줄은 스트레스와 불안을 가라앉히는 효과가 있다. 이는 스케줄을 만들어야 하는 첫 번째 이유만큼이나 중요하다. 많은 사람이 휴가를 쓰거나 계획에 따라 쉴 때도 글을 쓰지 않는다는 이유로 불안감과 죄책감을 느낀다. 하지만 12주 계획에 따라 글쓰기 스케줄을 진행하면 이런 근심에서 해방될 수 있다. 스케줄을 따라가기만 하면 글쓰기 목표를 달성할 수 있다는 확신이 서기 때문이다. 스케줄에 글을 쓰는 시간을 정해두었다면, 실제로 그 시간에 글쓰기에 집중해야 한다.

마지막으로 글쓰기 스케줄은 생산성을 높이는 효과도 있다. 무엇보다도 글을 쓰는 사람이 정기적으로 컴퓨터 앞에 앉도록 유도하기 때문이다. 글을 쓰려고 마음먹고 자리에 앉는 횟수가 늘어나면 그만큼 글 쓰는 분량도 늘어난다. 모멘텀 유지도 생산성 향상에 도움이 된다. 한참 글쓰기를 중단했다가 다시 쓰려고 하면 지난번에 이어 어떻게 글을 전개해야 할지 파악하는 데만 오랜 시간이 걸린다. 하지만 정기적인 스케줄을 따르면 그런 문제로 시간과 활력을 낭비할 필요가 없고, 안정적으로 진도가 나가면 계속 그 속도를 유지하려는 의욕이 생긴다. 스케줄이 몸에 배면서 정기적으로 글 쓰는 습관이 생기는데, 이 역시 생산성을 높인다. 그러면 도대체 언제쯤 글이 마무리될지 몰라서 스트레스를 받는 일이 없으므로 거부감이 줄어들고 글쓰기가 더 쉽고 편안하게 느껴진다.

예시주간의 구성 요소

예시주간은 글쓰기 계획에 따라 만든 주간 스케줄의 예시다. 즉, 매주 시간을 어떻게 보낼 것인가에 대한 최상의 예측이다. 살다 보면 온갖 예기치 못한 사건, 사고와 위기가 생기며 스케줄대로 일이 진행되는 경우는 거의 없다. 그럼에도 예시주간을 만드는 이유는 12주 계획의 목표를 달성하는 주간 스케줄을 세우기 위해서다. 그렇게 스케줄을 따라가다 보면 최종 목표에 한층 가까워질 것이다. 직장, 집안일, 개인적으로 해야 하는 여러 가지 일을 고려해야 하겠지만, 예시주간에 반드시 넣어야 할 다섯 가지 요소가 있다. 바로 주간 점검, 주간 모임, 전략 블록, 버퍼 블록, 브레이크아웃 블록이다. 이들은 글을 쓰고, 12주 계획을 관리하고, 글쓰기가 아닌 다른 과제를 처리하는 시간을 가리킨다.

주간 점검은 매주 초반 30분 정도로 배치한다. 지난주의 결과를 검토하고 해당 주간의 계획을 세운다.

주간 모임은 동료 작가들로 구성된 그룹 형태가 가장 이상적이다. 주간 모임을 가지면 책임감 있는 태도로 글쓰기 계획을 진행하는 데 도움이 된다. 모이는 시간은 모임 형태에 좌우된다. 책임을 강조하기 위해 만든 모임이라면 30분 이하로 모임을 끝내는 게 좋다. 그렇지 않고 매주 성과보고서를 글쓰기 세션과 합치고자 한다면, 모임 시간도 그만큼 더 길어질 것이다.

전략 블록은 12주 계획의 실행법을 실시하는 시간, 즉 글쓰기 시간이다. 하지만 가끔 글쓰기 이외의 작업을 할 때도 있을 것이다. 이 블록의 길이는 물론 각자의 상황이나 목표에 따라 달라진다. 나는 학교 일을 병행하면서 이 책을 썼는데, 매주 하루를 글쓰기에 사용했으며 전략 블록을 오전용과 오후용으로 세분화했다. 인생이 원래 그렇듯이 여러 가지 예기치 못한 일과 문제가 발생했기에 계획한 대로 글을 쓰지 못한 주간도 많았다. 그럴 때는 다른 스케줄을 조정해서 어떻게든 글을 쓸 시간을 냈다. 그렇게 하지 않았다면 전체적인 스케줄을 맞추지 못했을 것이다.

버퍼 블록은 30~60분 정도로 잡다한 일처리, 이메일 확인이나 통화, 소셜미디어 방문을 위한 시간이다. 소셜미디어나 이메일 확인, 통화 등은 글쓰기를 망치는 지름길이다. 요즘처럼 연락 수단이 많은 시대에는 이런 방해 요소를 어떻게 관리하느냐가 전 세계적인 화두다. 내가 보기에는 버퍼 블록이 간단하면서도 가장 효과가 좋은 것 같다.

12주 프로그램으로 여러 가지 목적에 대한 계획을 수립하고 시행하는 사람이라면, 보통 하루의 시작과 끝에 버퍼 블록을 설정하는 게 좋다. 이렇게 하면 밤사이에 벌어진 일을 처리하고 집을 나서기 전에 책상 위를 말끔히 치울 수 있다. 버퍼 블록을 얼마나 자주 사용할 것이며 길이를 얼마로 정할 것인가는 각자의 상황에 따라 다르며, 전략 블록 배정에 따라서도 달라진다. 내 경우에는 학기 중에 학생과 면담하거나 각종 위원회 모임에 참석하고 그 밖에 사무실의 여러 가지 업무를 처리해야 하므로 버퍼를 길게 설정하고, 또 자주 바꿔야 한다. 그렇지만 여름방학에는 주로 집에서 근무하니 아침에 눈뜨자마자 책상 앞에 앉을 수 있다. 그래서 몇 시간씩이나 이메일을 한 번도 확인하지 않을 때가 많다.

내 경험상 전략 블록 바로 앞에 짧게 버퍼 블록을 넣어보라 권하고 싶다. 일반적으로 다른 일이나 소셜미디어를 확인한 직후에 업무에 집중하기 쉽고, 다시 접촉할 수 있는 시점을 미리 아는 것도 집중력을 높이는 데 도움이 된다고 한다. 장시간 글을 쓰거나 종일 글을 쓰기로 계획한 날에는 중간에 버퍼 블록을 넣는 게 좋다. 나의 경우 내내 글을 쓰는 날에는 컴퓨터 앞에 앉자마자 이메일을 간단히 확인하고, 점심 때 다시 확인하고, 일과를 마칠 때 한 번 더 확인한다.

브레이크아웃 블록은 매주 글쓰기나 직장 업무 외에 다른 것을 생각하는 시간이다. 계획에 주기적으로 휴식을 통해 힘을 재충전할 여유가 없다면, 그 계획은 결코 성공할 수 없다. 의외로 사람들은 작가에게 왜 휴가가 필요하냐고 반문한다. 어차피 종일 책상 앞에 앉았으니 그게 곧 휴식인 줄 안다. 하지만 이런 생각은 매우 잘못된 것이다. 두뇌를 쓰는 작업은 머리만 힘든 것이 아니라 신체적으로도 매우 피곤한 일이다.

12주 프로그램 기간 동안 계속 전속력으로 달리면서 무리하게 일하는 것은 지혜롭지 못하다. 그보다는 자신에게 맞는 속도를 찾아야 한다. 인생은 마라톤이지 단거리 경주가 아니다. 긴장을 풀고 머리를 식히면서 다음 주에 다시 일에 매진할 힘을 낼 수 있도록 쉬는 시간을 꼭 마련해야 한다. 그러면 기분도 좋아지고 긍정적으로 생각하게 되며, 다른 수많은 사람처럼 극심한 피로나 탈진을 겪는 일은 없을 것이다.

전략 블록 스케줄 정하기

예시주간을 블록으로 나누기 전에, 글쓰기를 언제 할 것인지 깊이 생각해야 한다. 이 세상이 아무런 문제가 없는 이상적인 곳이라면, 전략 블록의 길이를 가장 이상적으로 정한 다음 하루 중 가장 적절한 시간에 배치하고, 자신이 좋아하는 공간에서 그 시간에 글을 쓰면 된다. 안타깝지만 현실에서는 이렇게 이상적인 글쓰기 스케줄을 세우는 일이 거의 불가능하다. 그냥 '적당한' 글쓰기 스케줄을 짜는 것으로 만족해야 한다. 최종적으로 어떤 책이 나올 것인가는 당신이 하는 다른 일뿐만 아니라 당신의 선호도에도 영향을 받는다. 작가마다 편안하고 생산적인 글쓰기 세션에 대한 정의가 다르다. 저마다 필요로 하거나 중요하게 생각하는 점이 다르기 때문이다. 하지만 주 단위 전략 블록을 정할 때는 누구나 다음과 같은 점에 유의해야 한다.

전략 블록에 글쓰기 시간을 충분히 배정한다. 그 시간은 창의적인 생각의 흐름을 이용해 생산적으로 글쓰기를 할 수 있을 정도가 되어야 한다. 작업 공간으로 이동하는 시간과 글쓰기 전에 의례적으로 하는 행동, 이를테면 커피와 롤케이크를 주문하고 책상을 정돈하는 데 걸리는 시간도 모두 글쓰기 세션에 넣는다. 하지만 길이를 얼마로 해야 한다는 규칙은 없다. 사람마다 컴퓨터 앞에서 집중할 수 있는 시간이 다르고 생체리듬도 다르기 때문이다. 저명한 작가인데도 하루 중 글쓰기에 투자하는 시간이 반나절밖에 되지 않는 경우도 많다.

전략 블록은 실행 가능한 시간대에 배정한다. 글쓰기가 계획대로 진행되려면 글쓰기 세션에 방해 요소가 없어야 한다. 글쓰기를 하려고 계획한 날에 갑작스럽게 모임이 생기거나 중요한 고객 또는 지인에게 연락이 오면 글쓰기는 수포가 된다. 물론 모든 방해 요소를 완벽히 차단하는 것은 불가능하다. 그렇지만 잘 생각하면 남에게 방해를 덜 받는 시간대가 분명히 있을 것이다. 어떤 사람은 본격적인 근무가 시작되기 1~2시간 전에는 방해하는 사람이 없어서 글쓰기에 집중할 수 있다고 한다. 그 시간대에는 회의를 요청하거나 업무상 부탁을 하려고 찾아오는 사람이 없기 때문이다.

전략 블록은 가장 생산적으로 일할 수 있을 때로 배정한다. 사실 바로 앞서 말한 경우는 특별한 사례이고, 일반적으로 근무 시간 전은 사무실에 사람이 없다 하더라도 전략 블록에 적합하지 않다. 보통 오전 10시 이전에는 두뇌가 활발하게 움직이지 않기 때문이다. 물론 작가마다 하루 중 글이 잘 써지는 시간대는 다를 것이다.

모든 전략 블록을 가장 좋은 시간대로 정할 수는 없겠지만, 최대한 그렇게 하려고 노력해야 한다.

전략 블록은 가능한 일정하게 배정한다. 예측 가능한 리듬을 유지하면 생산성이 크게 높아진다. 자신의 모멘텀이 지속하도록 전략 블록의 간격을 조정하는 게 좋다. 매주 글쓰기 요일이 바뀌거나 하루가 멀다고 글 쓰는 시간대가 오전, 오후로 바뀌면 능률이 떨어진다. 정기적인 스케줄을 만드는 게 누군가에게는 사치처럼 느껴질지 모르지만, 가능하면 그렇게 해야 한다.

'방어 태세'를 따로 준비한다. 'A타임/B타임'이라는 말이 있다. 힘든 작업을 처리할 힘이 충분한 시기는 A타임이고, 그만한 에너지가 없는 시기는 B타임이다. 글쓰기 스케줄이 아무리 완벽해도 전략 블록 때 항상 최고의 컨디션을 발휘할 수는 없다. 전략 블록이 아직 1시간이나 남았는데 연료가 바닥난 자동차처럼 두뇌가 멈추는 느낌이 들 수도 있다. 누구나 그런 순간을 경험하기 마련이니 자신을 너무 몰아붙이면 안 된다. 생산성을 유지할 수 있는 한계점을 넘어설 정도로 애쓰는 것은 오히려 역효과를 일으킨다. 그러다가 자칫 번아웃이 올 수 있으므로 주의해야 한다.

당장 글이 잘 써지지 않는다면 B타임에 방어 태세를 갖추면 된다. 여기서 말하는 방어 태세란 단지 머리를 쉬게 하거나 머리의 다른 부분을 쓰는 또 다른 실행법으로 전환하는 것이다. 그러므로 이런 때는 억지로 글을 쓰려고 애쓰지 않고 다른 일을 하면 된다. 일례로 주석이나 각종 자료를 정리하는 것은 깊이 생각하거나 창의성을 발휘할 필요가 없다. 따로 읽어보려고 모아둔 자료를 검토하거나 12주 계획에 따른 주간 모임 일정을 정하기 위해 이메일을 발송하는 일도 여기에 들어간다.

	월	화	수	목	금	토	일
8:00	주간 점검	버퍼	버퍼	버퍼	버퍼	버퍼	
9:00	버퍼	강의 준비		강의 준비			
10:00	강의 준비	강의	전략	강의	전략	브레이크아웃	
11:00							
12:00	식사/버퍼	식사/버퍼	식사/버퍼	식사/버퍼	식사/버퍼		
13:00	강의	전략		전략	전략	수영/체육관	
14:00			전략	주간 모임			
15:00	수영/체육관			전략			
16:00	버퍼		수영/체육관		수영/체육관		
17:00	식사	식사/버퍼	식사/버퍼	식사/버퍼	식사/버퍼		
18:00	강의 준비						
19:00	강의						

이 책의 초안을 만들던 2020년 가을에 내가 사용했던 예시주

간을 소개한다. 이것이 가장 모범적인 예시주간은 아니다. 그저 '실제 사용되는' 예시주간일 뿐이다. 직업이 교수이다 보니 글쓰기가 업무상 중요한 일이므로, 다른 사람에 비해 전략 블록이 많을 수밖에 없다. 이미 말했듯이, 나는 이 책을 쓸 때 매주 하루를 글쓰기에 투자했다. 가을에는 수요일마다, 봄에는 화요일마다 글을 썼다. 하지만 이 책 외에 다른 프로젝트도 진행 중이어서 그것을 위한 전략 블록도 계획해야 했다. 이렇게 여러 개의 글쓰기 프로젝트를 동시에 진행해본 사람은, 그것이 웬만한 겁쟁이는 엄두조차 못 낼 일임을 잘 알 것이다. 이 부분은 11장에서 자세히 다루기로 한다.

스케줄 변동에 대응하는 요령

처음에 계획한 대로 진행되는 주간은 사실 손에 꼽을 정도로 적다. 갑자기 회의가 잡힐 수 있고 며칠 동안 감기몸살로 아무것도 못 할 수 있다. 혹은 도저히 포기할 수 없을 정도로 더 좋은 기회가 생길지도 모른다. 이런 상황이 벌어지면 제아무리 심혈을 기울여 만든 글쓰기 계획이라도 무산되거나 수정될 수밖에 없다. 그럴 때 12주 프로그램이 진가를 발휘한다. 12주 계획과 예시주간만 만들면, 어떤 변화나 위기에도 성공적으로 대처할 수 있다.

이를 위해 어떤 문제가 발생할 조짐이 있으면 글쓰기 시간이 방해받지 않도록 사전에 조처해야 한다. 유연하게 생각하는 게 도움이 된다. 회의를 30분 정도 미루거나, 일이 생겨서 잠시 사무실을 비운다고 동료들에게 알려주거나, 상사에게 보완할 문제가 있어서 시간이 조금 더 필요하다고 미리 보고할 수 있다. 누구에게나 자기 시간은 소중하다. 내 시간은 내게 가장 소중한 것이다. 그러므로 글쓰기 시간을 지키기 위해 할 수 있는 모든 노력을 기울여야 한다.

이렇게 해도 스케줄이 꼬이면 어떻게 해야 할까? 창의력을 발휘해 상황에 대처하거나, 최악의 경우 글쓰기 계획을 잠시 보류하는 것도 방법이다. 시간이 너무 촉박하면, 비전을 다시 확인하고 글쓰기에 시간을 더 투자하기 위한 진지한 조처가 필요한지 판단한다. 이렇게 단기 스케줄을 정하더라도, 결국에는 우선순위를 스케줄에 반영해야 한다. 사실 우리가 하는 모든 일은 시간의 맥락에서 이루어지는 것이다. 따라서 시간 분배를 잘하지 못하면 좋은 결과를 기대하기 어렵다.

그래도 평범한 주간에는 항상 글쓰기에 투자할 여유 시간을 만들어낼 수 있다. 자신이 시간을 어떻게 쓰는지 냉정하게 분석해보라. TV를 보거나 좋아하는 팟캐스트를 듣거나 소셜미디어를 둘러보는 시간을 포기하면 글쓰기 시간을 늘릴 수 있지 않은가? 이보다 더 많이 시간을 내고 싶다면, 더 큰 규모의 스케줄 수정도 고려할 수 있다. 부업을 줄이거나 중단하고, 덜 힘든 일을 선택하고, 월세가 싼 집으로 이사한다면 여러 가지 일을 할 필요가 없을 것이다. 스케줄은 생각보다 훨씬 유연하게 바꿀 수 있다. 괜히 머릿속으로 이런 저런 문제가 있으리라 생각해 포기하지 말고 몸으로 직접 부딪쳐보기 바란다.

실행 10: 예시주간을 만들자

	월	화	수	목	금	토	일
8:00							
9:00							
10:00							
11:00							
12:00							
13:00							
14:00							
15:00							
16:00							
17:00							
18:00							
19:00							

- 예시주간 템플릿을 마련한다. 앞의 표를 이용하거나 https://www.getyourwritingdone.com에서 내려받는다.

- 글쓰기 외 다른 업무 관련 스케줄을 작성하고 템플릿에 쓴다. 직장 근무 시간, 요가 수업 시간, 출퇴근 시간, 아이들을 학교나 학원에 데려다주는 시간 등을 표시하면 된다.

- 주간 점검 시간을 정한다. 일반적으로 일요일 오후나 저녁 또는 월요일 오전에 하는 사람이 많다.

- 전략 블록을 정한다. 생산적으로 글쓰기에 전념할 수 있으며 주변에서 방해를 받지 않는 때가 좋다.

- 주간 모임 참석 시간을 정한다. 여러 가지 스케줄이 이미 잡혀 있으므로 출근 전 이른 아침이나 저녁 식사 이후 또는 주말로 정해야 할 가능성이 크다.

- 버퍼 블록을 정한다. 버퍼 블록 때에는 이메일 확인, 전화 업무, 소셜 미디어 이용 등을 할 수 있다. 이렇게 하면 전략 블록 때 주의가 흐트러지는 것을 방지하는 효과가 있다.

- 브레이크아웃 블록을 정한다. 기기의 배터리를 충전하듯, 충분한 휴식을 취해 다음 스케줄을 이행할 힘을 얻는다.

6장

실행 도구 1: 주간 모임

12주 프로그램의 진행 과정을 통제하는 또 다른 요소는 바로 주간 모임이다. 이 모임의 가장 큰 목표는 한자리에 모여 서로 지지와 격려를 나누고 개인의 책임감을 강화하는 것이다. 작가라면 동료 작가와 모임을 하는 게 가장 효과적이다. 모임이 잘 운영되면 모임의 목표를 확장해 피드백을 주고받으며 멤버가 함께 모여서 '글을 쓰는 날'을 정해도 좋다. 이 모임은 글쓰기에 대한 책임을 예리하게 느끼고, 글을 쓰려는 동기가 약해지지 않게 관리해 글쓰기를 완수하게 도와준다.

효과적인 주간 모임을 만드는 5단계

성격과 목적 확정

주간 모임에서 얻고자 하는 것이 단지 책임감인지, 아니면 같이 글을 쓰고 피드백을 주고받을 수 있는 동료를 만나는 것인지 정해야 한다. 하나의 모임에서 여러 가지 효과를 모두 얻을 것인지, 목적에 따라 모임을 분리해서 다수의 모임에 참석할 것인지도 생각하는 것이 좋다.

작가로 활동하는 사람들을 보면 상당수가 어떤 형태로든 모임의 일원으로 활동한다. 정식으로 설문조사를 해본 것은 아니지만, 이러한 모임들은 책임감을 명백히 강조하는 측면이 취약할 것이다. 작가들은 흔히 멤버들의 관심사가 비슷해서 글쓰기 세션 진행에 유리한 모임에 참석하거나 서로의 작품에 피드백해줄 수 있는 사람들을 모아서 모임을 구성한다. 시간적 여유가 있다면 이런 모임에 참석하는 것도 권장할 만하다.

그렇지만 12주 프로그램에 따라 글쓰기를 진행하고 싶다면 책임감이 가장 중요한 요소가 되어야 한다. 주간 모임을 다른 비평 모임과 통합할 생각이라면, 한 주간 작업한 내용을 발표하는 시간을 반드시 따로 정해두기 바란다. 모임을 시작하자마자 발표하는 시간을 갖는 것도 좋은 방법이다. 상황에 따라 책임감을 강조하는 모임과 글쓰기 및 비평 목적 모임을 다른 요일에 배정하거나, 아예 모임마다 멤버 구성을 달리하는 게 나을 수도 있다.

규모와 멤버 선발 기준 확정

주간 모임의 이상적인 규모, 즉 인원수는 따로 정해진 바가 없다. 소규모 모임과 대규모 모임은 나름대로 장단점이 있다. 소규모라면 서로 친해지기 쉽고 두터운 신뢰 관계를 쌓을 수 있으며, 다양하고 폭넓은 개성을 가진 여러 사람이 서로 융화하기 위해 오랜 시간 애쓸 필요가 없다. 게다가 모임이 커지면 의사소통을 하거나 이견을 조율하는 면에서 어려움이 생길 수 있다. 사람이 많을수록 회의가 길어지고, 어떤 멤버는 무리 사이에 숨어버릴 가능성도 있다. 단, 모임이 작으면 답답하거나 경쟁적인 분위기로 흐를 우려가 있고, 의견이나 관점의 다양성에 한계가 생긴다. 누군가 빠지거나 휴가를 떠나면 모임이 쉽게 와해되기도 한다.

자신이 직접 참석할 모임이므로, 자신에게 가장 적합한 것이 무엇인지 고심해야 한다. 소규모 모임이 편하게 느껴지면 일단 소규모 모임으로 시작하면 된다. 어느 정도 시간이 흐른 뒤에 필요에 따라 모임에 더 많은 사람을 초대할 수도 있다. 기존 멤버에게 모임에서 빠져달라고 부탁하기는 어렵지만, 새로운 사람을 불러들이는 것은 별로 어려운 일이 아니다. 반대로 많은 사람을 만날 때 힘이 난다면 모임을 크게 구성한다. 중요한 것은 모임의 규모가 아니라 주간 모임을 본격적으로 시작하는 일이다.

이 단계에서는 멤버 대부분이 아직 12주 프로그램을 사용하지 않는다는 점을 참작해야 할 것이다. 물론 사용하는 게 좋지만 말이다. 아무튼 지금은 모임에 12주 프로그램을 활용하는 사람이 없어도 크게 문제 삼지 말아야 한다. 모임 멤버가 반드시 같은 프로세스를 따라야 하는 것은 아니지만, 그들이 모임에 적합한 사람인지 확인할 필요는 있다. 무엇보다도 매주 책임감이라는 의제에 대해 진지하게 노력하려는 마음가짐이 있어야 한다. 그들은 계획을 세우며 글쓰기에 대해 책임감을 가지려고 꾸준히 노력하는가? 어떻게 하면 생산적인 작가가 될 수 있는지 논할 때 가치 있는 발언을 할 수 있는가? 당신이 해이해지지 않도록 긍정적인 의미의 압박을 가할 것인가? 자신들도 다른 멤버에게 그런 압박을 받을 것이라고 기대하는가? 그렇다면 어떤 방식을 사용하는 사람이냐에 관계없이 모임의 멤버로 받아들일 만하다.

구조와 절차 확정

모임의 형태와 멤버를 정했다면, 이제는 운영 방식을 결정해야 한다. 이때는 다음과 같은 질문을 고려한다.

- 책임자를 뽑아 그에게 운영 업무를 위임할 것인가, 아니면 멤버 모두가 업무를 분담할 것인가? 많은 경우 사람들은 저마다 자신 있는 역할을 맡으려 하므로 시간이 흐르면서 자연스럽게 역할 분담이 이루어진다. 그런가 하면, 경험이 많은 작가에게 연락해 멘토가 되어달라고 부탁하는 모임도 있다.

- 모임을 엄격하게 운영할 것인가, 아니면 유연하게 이끌어갈 것인가? 모임 때마다 같은 안건을 다룰 것인가, 아니면 매주 모임에서 다음 주 안건을 정할 것인가? 멤버가 돌아가면서 한 주 동안의 작업에 대해 발표할 때 시간제한을 둘 것인가? 모임의 전체 소요 시간도 미리 정해놓을 것인가?

- 모임 내에서 글쓰기 세션을 운영할 경우, 어느 장소에서 글쓰기를 진행할 것인가? 글쓰기 세션에 시간을 얼마나 쓸 것인가? 멤버 중 누군가 잠시 휴식 시간을 갖거나 간단한 다과를 즐기자고 하면 이를 허용할 것인가?

- 모임에 관한 사항을 논하거나 문서 자료 등을 공유할 때 어떤 방식으로 소통할 것인가? 간단히 이메일을 사용할 것인가, 아니면 달력, 채팅 앱, 온라인/오프라인 저장 공간 등 의사소통을 위한 도구를 따로 마련할 것인가?

기대치와 운영 규정 확정

집단의 기준은 시간이 지나면 발전하기 마련이다. 그렇긴 해도, 처음부터 기대치를 명확히 하면 모임이 순조롭게 운영될 가능성이 커진다.

가장 먼저 고려할 점은 모임에서 책임감을 실행하는 방법이다. 예를 들어, 어떤 사람이 모임에 불참했거나 자주 그렇게 한다면 어떻게 대응할 것인가? 지난 한 주간 작업이 너무 힘들었다고 말하는 사람이 있다면 다른 멤버들은 그에게 어떻게 반응해야 하는가? 어떤 모임에서는 비교적 강한 벌칙을 적용하는데, 정시에 도착하지 않거나 모임에 빠지거나 주간 목표를 달성하지 못하면 소정의 벌금을 부과하는 식이다. 그런가 하면, 조언이나 의견 교환을 하거나 긍정적인 피드백에 초점을 맞추는 등, 격려 중심으로 모임을 운영하는 경우도 있다. 어느 쪽을 지향하든 멤버들에게 운영 방향을 이해시키고 동의를 구해야 한다.

만약 모임 중에 글쓰기 세션을 마련할 생각이라면, 잡담, 휴대전화 사용과 같이 주의 집중을 방해하는 문제와 관련해 어떤 기준을 세울 것인가? 모든 사람이 모임에 나와 글쓰기 세션의 처음부터 끝까지 참석해야 한다고 정할 것인가? 이런 점들을 미리 생각해봐야 한다.

마지막으로, 각 멤버의 글에 대해 피드백을 주고받을 계획이라면, 어떤 식으로 피드백을 구성할 것인지 반드시 정한다. 작가라면 누구나 프로젝트 초반에 피드백을 받을 때 굉장히 겁을 먹고 긴장하므로 피드백을 주고받는 과정은 매우 조심스럽게 이루어져야 한다. 무례하거나 지나치게 솔직하고 공격적인 비판은 글 쓰는 사람의 사기를 꺾어놓는데, 그 상처에서 회복하려면 몇 달이 걸리기도 한다. 그래서 모임을 본격적으로 운영하기 전에 어떤 식으로 비판적인 의견을 전달할 것인지 기본 규정을 정하고 모든 사람의 동의를 받아야 한다. 이렇게 하면 누군가 이를 어길 때, 규정을 따르도록 경고해 감정적 상처를 주고받는 불상사를 막을 수 있다.

또한, 멤버 한 사람 한 사람은 모임에 대해 성실하게 집중하는 태도를 보여야 한다. 모임에 관심이 조금 있는 정도라면 자기가 편할 때만 참석하려 할 것이다. 모임을 중요하게 여기지 않는 사람은 결국 나머지 멤버에게 부정적인 영향을 준다. 우수한 모임으로 성장하려면 모임의 규칙을 서면으로 작성하고, 규칙은 협상의 여지가 없으며 누구도 위반해서는 안 된다는 점을 주지시킨다.

모임 일자 확정

모임을 끝내기 전에 다음 모임 일자를 정한다. 앞선 질문들을 고려하면 적절한 날짜를 정할 수 있다. 책임감을 높일 목적으로 매주 15~20분 정도 간단히 화상 회의를 진행하거나, 그에 더해 정기적으로 글에 대한 비평 시간을 계획할 수도 있다. 어느 쪽으로 결정하든 정해진 날짜를 달력에 쓰고 주간 계획에도 반영하는 게 중요하다.

성공적 모임을 위한 운영 방식

악마는 디테일에 있다어떤 일이 처음에는 단순해 보여도, 실제로는 시간과 노력이 많이 들 수 있다는 뜻_옮긴이는 말처럼, 모임의 목표와 형태에 따라 구체적인 접근법이 달라진다. 하지만 모임을 운영하는 기본 방식은 단순하다. 다음과 같은 기본 의제를 매주 처리하면 된다.

- 개별 업데이트: 자신의 진행 상황 발표
  - 한 주간의 실행 현황을 점수화(잘된 점과 문제점 모두 반영)
  - 12주 프로그램 진행 상황과 지연이 발생한 부분
  - 다음 주 목표와 실행법
  - 멤버의 피드백, 비평/제안(불필요한 갈등을 일으킬 의제 제외)
- 우수 사례 소개: 글쓰기에 도움이 된 것에 대해 자유 발표
- 지원과 격려
  - 예전보다 발전했거나 성공한 사람에게는 지원
  - 실패나 좌절을 겪은 사람에게는 위로

매주 한 사람씩 돌아가면서 지난주의 실행법을 얼마나 실천했는지 발표하고 자신의 다음 주 계획을 공유하며, 잘된 점이 있으면 함께 기뻐한다. 또한 어떤 문제가 발생하면 어떻게 대처할 생각인지 발표하기도 한다. 실행법이나 피드백에 대한 이야기가 길어지면 일단 기록한 다음, 따로 논의할 시간을 정하는 게 좋다.

다만 책임감을 논하는 시간은 짧을수록 좋다. 그 시간이 늘어나면 모임에 빠질 핑계가 되기 때문이다. 책임감은 모임 중에 강화되는 게 아니다. 각자가 한 주의 활동을 점검하고 모임에서 발표할 준비를 하는 도중에 강화된다.

모임의 성공 여부는 멤버 각자가 자신에게 솔직해지고 다른 멤버에게도 솔직한 모습을 보이느냐에 달려 있다. 그리고 멤버들은 누군가 계획을 제대로 실천하지 못하거나 목표를 달성하지 못할 때 그냥 넘어가지 않고 더 분발하도록 격려하고 도와주어야 한다. '기분 좋아지기 위해서'가 아니라 책임감을 고무하기 위해 참석하는 것이 주간 모임이다. 사실 모임에서 적잖은 압박이 예상되면 책임감을 가지고 스케줄에 맞춰서 글쓰기를 진행할 가능성이 크다.

7장

실행 도구 2: 주간 점수

현대 경영학을 대표하는 인물 피터 드러커는 "측정할 수 없다면 개선할 수 없다"라는 유명한 말을 남겼다. 측정을 해보면 계획이 순조롭게 진행되는지 파악할 수 있다. 스포츠의 경우, 운동선수는 훈련과 역량 변화 상태를 세세하게 추적해 식이요법을 맞추는 등 최상의 결과를 내기 위해 노력을 아끼지 않는다. 비즈니스 세계에서도 마찬가지다. 기업은 여러 가지 지표를 측정한 다음, 이를 토대로 생산성, 매출, 수익을 늘리는 방법을 연구한다. 다이어트를 하는 사람은 섭취 열량, 운동량, 몸무게를 계속 측정해야 한다. 어떤 노력을 기울였으며 그로부터 어떤 결과를 거두었는지 객관적인 정보를 확보해야 일이 어떻게 진행되는지 제대로 파악하고 개선책도 마련할 수 있다.

점수를 매기는 이유

문제를 진단하고 절차가 개선된다. 측정은 작가에게 최소한 세 가지의 중요한 유익함을 가져다준다.

첫 번째, 측정을 하면 문제에 대해 시기적절한 경고를 받는다. 계획에 따라 글쓰기 세션을 매주 3회 실시해야 하는데 3주 동안 주 2회에 그쳤다면, 추적 시스템에 이 문제를 기록해야 한다. 매주 단어 1만 개를 쓰겠다고 계획했는데 이번 주에 고작 3000개밖에 쓰지 못한 경우도 마찬가지다. 반대로, 계획된 글쓰기 세션을 모두 실행하고 단어 수 목표도 달성했지만 3장을 시간 내에 마무리하지 못했다면, 그 또한 추적 시스템에 표시해야 한다.

두 번째, 문제의 원인을 파악하는 데 도움이 된다. 계획을 실행하는 데 어려움을 느끼거나, 계획에 뭔가 문제가 있다는 생각이 드는가? 모든 계획은 실행에 옮긴 후 어느 정도 현실에 부딪혀 한계를 드러내기 마련이다. 이때 우리는 계획이라는 건 올바른 방법에 기댄 최선의 추측임을 절감한다. 글쓰기에 투자할 수 있는 시간의 양을 잘못 계산해서 낭패를 보는 때도 있을 것이다. 효과적으로 목표를 달성하는 방법을 잘못 선택할지도 모른다. 그런가 하면 계획 자체가 처음부터 잘못된 경우도 있다. 다시 말해, 계획을 실행할 때 난관에 부딪히느냐 마느냐가 문제가 아니다. 문제를 빨리 알아차려 원인을 파악하고 새로 계획을 짜느냐가 관건이다. 이렇게 자신의 노력과 그 결과를 올바로 측정하는 데 초점을 맞추면 전반적인 성과가 크게 개선된다.

마지막으로, 정기적으로 주요 사항을 측정하면 문제가 생기자마자 혹은 문제가 지나치게 악화하기 전에 발견할 수 있다. 또한 주요 사항의 측정 자료를 통해 문제의 해결책도 비교적 손쉽게 찾아낼 수 있다. 8장에서 자세히 설명하겠지만, 주간 점검을 하면 글쓰기 방법과 계획 실천에서 개선할 점이 무엇인지 알 수 있다. 계획대로 실제 노력하는가? 이대로 노력하면 기대하는 결과를 얻을 수 있는가? 실행법을 적용해 목표를 달성하는 데 어떤 어려움이나 방해물이 있는가?

이런 식으로 매주 자료를 모으고, 주요 지표의 진행 상황을 평가하며 필요한 경우 주간 스케줄뿐 아니라 실행법이나 12주 계획을 업데이트해야 한다. 그러면 실행법을 실천하고 목표를 달성하는 능력이 매주 향상될 것이다.

정직함을 고양한다. 노벨상을 수상한 물리학자 리처드 파인먼은 캘리포니아공과대학 졸업식 연설에서 이렇게 말했다. "첫 번째 원칙은 절대로 자기 자신을 기만하지 않는 것입니다. 사실 자기 자신은 가장 쉽게 속일 수 있는 대상이니까요."[1] 안타깝게도 우리가 스스로를 돌아볼 때면 파인먼이 옳다는 증거를 수없이 발견한다. 정해진 다이어트 식단을 제대로 지키지 않았을 때 체중계에 올라가는 것을 거부하며, 프로젝트를 게을리했다는 점을 인정하고 싶지 않으면 너무 바빴다는 변명을 늘어놓는다. 문제가 생겼는데 처리할 힘이 없으면, 그냥 문제를 눈에 보이지 않는 곳에 숨겨놓는다. 그렇게 외면한 사이에 문제는 더욱 커져서 결국 숨기기 힘든 상태가 되고 만다.

사람은 불편한 진실을 꺼리는 경향이 있다. 그러므로 계획이 얼마나 잘 시행되는지 측정하는 일은 자신을 기만하지 않고 글쓰기 과정을 충실히 이행하는 데 매우 중요하다. 매주 10시간 글을 쓰기로 계획했는데 주당 평균 5시간밖에 작업하지 못했다면, 자신의 능력에 비해 실천이 부족한 것이다. 이렇게 글쓰기 작업 시간을 추적하지 않으면, 금세 마음이 해이해지고 계획대로 일이 진행되지 않은 것에 대해 이런저런 핑계를 찾는다. 반대로 책임감을 가지고 글쓰기 프로젝트를 주체적으로 추진하려는 사람에게 측정 시스템은 매우 유용하다.

스트레스가 줄어든다. 일단 자신의 노력과 진행 상황을 측정하기로 마음먹으면, 글쓰기 과정 추적이 스트레스 해소의 척도가 된다는 사실을 발견한다. 앞에서도 말했지만, 글쓰기에 시간을 충분히 할애하면 마음이 든든해져서 작업에 대한 불안이 크게 줄어든다. 마찬가지로 글쓰기 작업을 추적하면서 주간 목표를 꾸준히 달성하면 스스로에 대한 자신감이 커지는데, 이는 결과에 기반을 둔 자신감이므로 더욱 의미 있다. 주간 추적 데이터를 통해 자신이 계획을 잘 실천할 능력이 있음을 확인하고, 실행법을 검토하고 조정하면서 점차 상황을 개선하면 스트레스는 사라지고 깊은 만족감을 맛볼 수 있다.

하루 또는 한 주 동안 작업한 단어 수를 점검하는 작가가 많다. 그것도 좋은 태도지만, 측정의 이점을 충분히 활용하려면 주요 지표를 추적할 수 있는 점수표 작성 방식을 따르기를 권한다. 점수표에서 확인된 자료를 바탕으로 글쓰기 계획을 보완하거나 실행력을 더욱 개선하려는 마음을 가져야 한다. 지금부터 주간 점수표를 만들어서 쓰는 방법을 설명할 것이다. 간단하지만 매우 효과적인 방법이므로 집중하기 바란다.

유용한 지표를 정하는 법

글을 쓰는 사람은 12주 목표마다 '선행 지표'와 '후행 지표'라는 두 가지 중요한 지표를 추적, 관리해야 한다. 선행 지표는 글쓰기 프로젝트 초반에 도움이 되는 측정값으로서, 목표 달성 가능성을 예측하는 데 도움이 된다. 예외가 있긴 하지만 대부분 경우 선행 지표는 계획에 따른 행동을 측정한 값이다. 예를 들어, 체중 감량이 목표라면 두 가지 중요한 선행 지표는 매일 섭취하는 열량과 매일 소모하는 열량이다. 반면에 후행 지표는 프로젝트 후반부에 나타나는 결과에 대한 측정값이다. 체중 감량의 예시에서는, 체중이 몇 킬로그램이나 줄었는지 또는 허리둘레가 몇 인치 감소했는지 확인하는 게 후행 지표에 해당한다.

선행 지표와 후행 지표는 서로 다른 진단 기능을 수행하므로 반드시 둘 다 측정해야 한다. 선행 지표를 확인하면 계획이 잘 진행되는지, 글쓰기 목표에 근접하는지 확인할 수 있다. 이 지표가 급락하면 정신을 차리고 계획을 성실히 실천하거나 주간 목표를 다시 검토해야 한다. 반면에 후행 지표를 확인하면 계획 자체가 바람직한지 확인할 수 있다. 주간 실행법을 모두 시행했는데도 진행 상황이 부진하다면, 아마 계획을 전면 수정해야 할 것이다.

모든 사항을 추적할 필요는 없고, 12주 목표 하나하나에 대한 한두 가지 중요한 선행 또는 후행 지표를 확인하면 된다. 지금 어떤 글을 쓰느냐에 따라 유용한 지표가 달라진다. 많은 작가에게 추천할 만한 선행 지표로는 한 주에 앉아서 글을 쓰는 횟수, 매주 글쓰기에 투자하는 시간, 글쓰기 세션 1회당 또는 1주에 완성하는 글의 분량(단어 수) 등이 있다. 이러한 지표는 작가가 글쓰기에 얼마나 많은 노력을 쏟는지 명확하게 보여주며, 더 나아가 프로젝트의 완성 여부를 예측하는 데 큰 도움이 된다.

한편, 연관성이 떨어지는 지표는 어떤 상황에서도 쓸모가 없다. 학술 자료 작성을 예로 들자면, 연구 작업의 90퍼센트가 글쓰기와 무관하므로 단어 수 세기는 거의 무의미하다. 블로그에 올릴 글이나 사설을 쓸 때도 단어 수는 큰 의미가 없다. 단어 수만으로는 목표의 성공 여부를 예측하기 어렵다. 그보다는 글쓰기 세션 횟수나 글쓰기에 투자하는 시간을 선행 지표로 삼는 게 더 바람직하다.

어떤 선행 지표를 추적해야 좋을지 모르겠다면, 일단 몇 가지 지표를 추적하면서 천천히 결정해도 된다. 나는 이 책을 쓸 때 초반에는 수요일에만 글을 쓰기로 정했다. 글쓰기 스케줄은 시간이 흘러도 변동이 없었으므로 '글쓰기 세션 횟수'나 '글쓰기에 투자하는 시간' 추적은 무의미했다. 하지만 매주 써낸 분량, 즉 단어 수를 측정하면 쉽고 빠르게 진도를 확인할 수 있었다.

마찬가지로 후행 지표도 구체적인 목표에 따라 달라진다. 작가에게는 글쓰기 목표 자체가 가장 확실한 후행 지표다. 이 점에 동의한다면 굳이 다른 후행 지표를 만들지 않아도 된다. 일례로 12주 목표가 3개 장을 쓰는 것이라면, 몇 개의 장을 끝냈는지가 효과적인 후행 지표다. 하지만 진행 상황을 자주 자세히 확인해야 한다면, 각 장을 도입부, 배경, 장면 1, 장면 2 등으로 세분화한 다음 이를 후행 지표로 사용할 수 있다. 이제 유용한 지표를 정하는 방법에 대해 소개한다.

먼저, 복잡한 것은 좋지 않다. 따라서 추적 대상을 너무 많이 늘리거나 세부 사항에 집착하지 않도록 한다. 측정 방식이 너무 복잡하고 시간이 많이 들면, 결국 하기 싫어지거나 아예 하지 않는다. 많은 경우 주요 지표 한두 가지만 사용해도 계획의 실천 현황을 파악하고 방법 및 계획의 보강 여부를 결정하는 데 충분한 정보를 얻을 수 있다.

다음으로는 시의성이 중요하다. 이를 위해서는 시기적절한 피드백을 주는 측정값을 사용해야 한다. 보통 가끔 나오는 데이터보다 자주 나오는 데이터가 더 유용할 것이다. 체중 감량 예시에서 매일 체중을 측정하면 식습관이나 운동이 체중에 어떤 영향을 주는지 즉시 파악할 수 있으며, 계속 체중을 줄이려면 다이어트 방식을 바꿔야 할지 아니면 기존 방식을 지켜야 할지 결정할 수 있다.

하지만 한 달에 겨우 한 번 체중을 측정한다면 어떨까? 이미 체중이 2.2킬로그램이나 증가했다면, 상황을 되돌려서 다른 방법을 시도하기에 늦었다. 그뿐만 아니라 정확히 언제 어디서부터 체중 감량 계획이 잘못된 것인지 파악하기도 쉽지 않을 것이다.

실행 11: 목표에 쓸 지표를 정하자

12주 목표마다 적어도 하나 이상의 선행/후행 지표를 정한다. 그 지표는 다음 주간 점수표 '지표' 부분에 쓰면 된다. 주간 점수표는 아래의 양식을 쓰거나 http://getyourwritingdone.com/에서 템플릿을 내려받아도 좋다.

점수=(완료 실행법÷예정 실행법)×100

	1주	2주	3주	4주	5주	6주	7주	8주	9주	10주	11주	12주
주간 점수												
주간 점수 평균												
지표												

이제부터 매주 진도를 확인해 주간 점수표에 쓴다. 주간 계획에서 정해놓은 각각의 실행법을 완료했는지 기록한 다음 주요 지표를

측정한다. 이것이 주간 점수가 되는데, 바로 점수표에서 가장 중요한 요소 중 하나다.

《글쓰기 안내서》프로젝트를 다시 생각해보자. 여기에서는 12주 프로그램 목표에 4장부터 6장까지 쓰기가 들어가고, 매주 작업한 단어 수를 선행 지표로 사용한다. 핵심 후행 지표는 쓰기가 끝난 장의 개수다. 다음은 5주 차에 대한 가상 주간 계획이며, 총 다섯 가지 실행법을 포함한다.

- 5장 내용 보강을 위한 작가 세 명 인터뷰
- 점수 매기기 관련 자료를 세 가지 정도 더 찾기
- 《글쓰기에 관한 책》을 읽고 요점 필기
- 5장 도입부 완성
- 글쓰기 세션 3회에 걸쳐 5장 쓰기

주말마다 주간 점수표를 꺼내 들고 가장 먼저 실행법을 몇 퍼센트 완료했는지 확인한다. 일례로 실행법 5개 중에서 4개가 마무리된 상태라면 5주 차에 80퍼센트라고 쓴다. 이때 유의할 점은 주간 점수는 특수한 선행 지표, 즉 '메타 선행 지표'라는 것이다. 사실 이것만으로도 글쓰기 계획이 얼마나 잘 진행되는지 파악할 수 있다. 경험에서 알 수 있는 사실이지만, 주간 실행법의 80퍼센트 이상을 지속적으로 실천하는 사람은 무난하게 목표를 달성한다. 계획의 실천 자체가 성공 여부와 관련한 가장 중요한 변수인 것이다.

이제 구체적인 지표 수치를 점수표에 쓴다. 선행/후행 지표에는 목표치와 마감일이 정해져 있다. 《글쓰기 안내서》 예시에서 주당 단어 수 목표는 1000개다. 이번 주에는 단어 1100개를 썼으므로 주간 목표를 약간 초과 달성했다. 4장은 4주 차, 5장은 8주 차, 6장은 12주 차까지 끝내야 한다. 이번 주에는 4장을 마무리했으므로 아직 5장이 끝나지 않았지만, 후행 지표는 정상적이다. 5주 차까지 작성한 점수표는 다음과 같다.

점수=(완료 실행법÷예정 실행법)×100

		1주	2주	3주	4주	5주
주간 점수		75	75	100	90	80
주간 점수 평균		75	75	83	85	84
지표	실제 쓴 단어 수	1100	1005	900	950	1100
	목표 단어 수	1000	1000	1000	1000	1000
	실제 쓴 장 수	0	0	0	1	1
	목표 장 수	0	0	0	1	1

다음은 매주 점검 세션과 계획 세션, 주간 모임 등에서 이 귀중한 데이터를 활용할 단계다. 주간 실행법을 80퍼센트 이상 실천하

는가? 선행 지표는 예상 수준을 유지하는가? 그렇다면 노력을 충분히 쏟는 것이다. 그렇지 못한 상황이라면 계획을 시행하는 데 방해가 되는 요인을 찾아내야 한다. 결과 측면에서 볼 때 후행 지표가 12주 목표 달성에 문제가 없다고 알려주는가? 그렇다면 글쓰기 방법에 문제가 없다고 볼 수 있다. 반대로 주간 실행법의 실천율은 높은데 후행 지표가 크게 뒤처졌다면, 자신의 노력과 원하는 결과의 상관성을 높이는 방향으로 글쓰기 계획을 수정해야 할지 모른다.

주간 점수를 잘 활용하는 방법

많은 사람이 점수를 매기는 것을 생소하고 불편하게 여긴다. 매주 글쓰기 과정을 점검해 점수화하다 보면 기분이 나빠지기도 한다. 오래전에 선생님, 직장 상사, 부모님 등에게 평가받던 불편한 기억이 떠오르기 때문이다. 여기서 잊지 말아야 할 점은, 이것이 스스로 매긴 점수라는 것이다. 이 점수는 나를 판단하는 게 아니라, 원하는 바를 이루도록 도와주는 정보다. 이 숫자가 나라는 사람의 모든 가치를 대변하는 것은 아니며, 단지 목표에 얼마나 가까이 왔는지 보여줄 뿐이다.

점수 매기기에 마음이 편해지기까지 한동안 시간이 걸릴 수 있다. 그렇지만 작가의 길을 걸으려면 이 과정을 반드시 거쳐야 하며, 그럴 만한 가치가 있다. 매주 점수를 매기는 작업을 할 때는 다음 사항에 유의하기 바란다.

점수는 매주 확인한다. 진단에서 가장 중요한 것은 가능한 빨리 문제를 발견하는 일이다. 그래야 늦기 전에 문제를 해결해 피해나 손실을 최소화할 수 있다.

점수 앞에서 당당해야 한다. 점수 매기기는 언제나 두렵게 느껴진다. 특히 글쓰기가 잘 진행되지 않을 때는 점수를 매기는 게 몹시 꺼려질 수 있다. 몇 주간 연속으로 마감일을 지키지 못하거나 진도가 계획에 한참 못 미치면 기운이 빠지고 속상할 것이다. 그렇지만 점수를 매기는 것은 불가피한 일이다. 데이터가 알려주는 대로 조처하지 않으면 목표를 달성하지 못하기 때문이다.

'부정적 수치'에 과민반응하지 않는다. 수치에 좌지우지되는 일도 없어야 한다. 누구나 계획대로 일이 진행되지 않는 순간을 경험한다. 특히 휴가철에는 아주 기본적인 목표조차 달성하기 힘들 수 있다. 유독 글쓰기를 하려고 정해둔 날에 바쁜 일이 생겨서 주간 목표 단어 수를 채우지 못한 경우라면 '어쩔 수 없는 소용돌이가 닥쳤던 날'이라고 쓰고 지나간다. 주간 점수가 낮더라도 지나치게 속상해할 필요가 없다.

발전을 위해 계속 노력한다. 주간에 실행법을 끝까지 시행하지 못하는 일이 반복되더라도 밀린 작업을 한 번에 다 하려고 하면 안 된다. 운동 한 번으로 몸매가 달라지지 않듯이, 글쓰기 실천에 관한 문제는 하루 또는 한 주 만에 해결할 수 없다. 그보다는 전략적 마인드셋을 수용한 다음, 주간 계획의 시행을 방해하는 요인이 무엇인지 깊이 생각해봐야 한다.

상황을 개선할 방안을 찾고 그에 따라 주간 계획과 주간 점수 시스템을 변경한다. 이런 식으로 방법을 수정하면 결과도 한결 나아진다. 조금씩 달라지는 게 느껴지면 글쓰기 프로젝트에 대한 스트레스와 부담이 낮아지며, 주간 목표를 하나하나 착실히 달성하는 과정에서 자신감도 올라갈 것이다. 이렇게 달라진 방법은 목표 달성 과정을 한층 개선해줄 뿐만 아니라 프로젝트에 대한 부담감도 낮춰준다.

발전한 부분을 찾아내 자축한다. 최종 글쓰기 목표를 달성하기 전이라도 주요 지표가 크게 향상되면 자축해도 좋다. 이렇게 권하는 이유는 매우 단순하지만 중요한 진리와 관련이 있다. 우리가 쓴 책이 반드시 〈뉴욕타임스〉 선정 베스트셀러 반열에 오르거나, 학위 논문 심사에서 좋은 점수를 받거나, 유명 잡지에 실려야만 성공한 작가가 되는 것은 아니다. 물론 그런 상황이 되면 많은 사람에게 인정받는다. 하지만 성공에 필수적인 노력을 기울이는 것만으로 충분히 칭찬받을 만하다. 달리 표현하자면, 계획상 실행법을 정해진 시기에 실천하는 것은 그 자체로 '훌륭한' 일이다. 그럴 때마다 자축하는 것은 좋은 일이다. 그저 마음속으로 잘했다고 생각하며 자신을 칭찬해도 좋다.

주간 점수 결과의 네 가지 시나리오

글쓰기 과정 추적은 매주 다음과 같은 네 가지 시나리오 중 하나로 끝난다. 주간 실행법은 80퍼센트 이상 실천했는지, 주요 지표가 모두 정상 궤도에 있는지에 따라 시나리오가 달라진다. 지금부터 각 시나리오를 살펴보면서 어떻게 하면 12주 목표 달성의 가능성을 높일 수 있는지 생각해보자.

계획대로 실행했고, 주요 지표가 정상적인 경우는 실행법의 80퍼센트 이상을 실천했으며 선행/후행 지표에 모두 문제가 없는 상태다. 아마 많은 사람이 매주 이 시나리오를 경험할 것이다. 앞으로도 계속 이렇게만 한다면 12주 글쓰기 목표를 거뜬히 달성할 수 있다. 여기서 가장 중요한 점은, 이번 주에 했던 것이 모두 효과적이라는 사실이다. 그러니 다음 주에도 이번 주처럼만 하면 된다. 어떤 사람은 이렇게 좋은 평가를 받으면 긴장을 풀고 앞으로도 일이 다 잘되리라 생각한다. 지금 점수가 높다고 해서 해이해지거나 게으름을 피워서는 안 된다. 이처럼 좋은 점수를 계속 유지해야겠다는 의지를 다져야 한다.

계획대로 실행했는데, 주요 지표가 비정상적인 경우는 실행법 실천에는 문제가 없어 보이는데, 선행/후행 지표와 주간 계획이 서로 맞지 않는 경우다. 그나마 다행인 점은, 계획에서 실행법 실천이 가장 힘든 부분이라는 것이다. 그러므로 이를 해냈다면 정말 열심히 노력했다는 증거라고 할 수 있다. 이때 주요 지표가 이상하게 나타난다면, 원하는 결과를 만들어내기 위해 투입한 수치가 잘못됐을 가능성이 있다.

일례로 매주 글쓰기 세션 1회당 2000개의 단어를 쓸 수 있다고 생각했지만, 실제로 해보니 글의 주제가 어려워서 단어 1200개를 넘기기 어려운 경우다. 그렇다면 계획을 수정해야 하는데, 세션 1회당 글쓰기 시간을 늘려서 2000단어를 채울 수 있다. 시간을 늘리는 게 불가능하다면 자신의 역량에 맞게 12주 목표를 조정한다.

계획대로 시행하지 못했는데, 주요 지표가 정상적인 경우는 가장 발생 확률이 낮은 시나리오다. 실행법의 80퍼센트 이상을 달성하지 못했는데도 목표에 별 탈 없이 근접하기는 어렵기 때문이다. 흔히 글쓰기 세션을 아주 길게 한두 번 실천했기에 주요 지표가 앞서가는 것처럼 보이는 것이다. 쉽게 말해서 실제로는 이번 주에 할 일을 제대로 처리하지 않았는데 서류상으로는 문제가 없어 보이는 상황이다. 이런 내막은 오래가지 않아서 들통나고 만다. 실행법을 제대로 실천하지 않으면 결국 점수표에 그 점이 반영되어 주요 지표 수치가 급락한다. 지금 상황이 이렇다면 너무 자책하지 말고, 다음 주 계획부터 성실하게 실천하면 된다.

12주 계획을 짤 때 너무 욕심을 부려도 이런 문제가 발생한다. 12주 프로그램으로 단편소설을 완성하려는 목표를 세우고, 매주 10~12개의 실행법을 사용하려고 계획했다고 생각해보자. 막상 계획을 실천해보니 대부분 실행법이 글쓰기에 필수적이지는 않아서, 아예 실천하지 않으면서도 목표에 근접할 수 있다. 아이러니하지만 모든 실행법을 실천하면 불필요한 시간을 써 전체적인 속도가 느려진다. 게다가 한두 가지 중요한 실행법만으로 12주 프로그램을 충분히 성공시킬 수 있다. 이럴 때는 계획을 즉시 수정해 목표 달성에 꼭 필요한 실행법만 남기는 게 좋다.

계획대로 실행하지 못했고, 주요 지표도 비정상적인 경우는 정말 잘해보고 싶었는데, 이번 주에 계획대로 글쓰기를 진행하지 못한 상태다. 실행법의 실천율이 80퍼센트 미만이고 주요 지표도 모두 저조하게 나타났을 것이다. 여기서 대부분의 사람은 계획에 문제가 있을 것이라고 판단하며, 12주 계획을 고칠 때가 됐다고 말한다. 하지만 이는 잘못된 판단이다. 실행법을 제대로 시행하지 못한 이유가 계획 자체의 문제 때문이라고 섣불리 말할 수 없기 때문이다. 또 어떤 사람은 12주 계획을 아예 포기해버리기도 한다. 아마이것이 가장 최악의 결정일 것이다.

노력 후에 드러난 자신의 성과가 보잘것없다는 사실을 인정하기란 누구라도 쉽지 않다. 그렇다고 해서 계획을 섣불리 바꾸거나 포기하는 것은 목표를 이루는 데 아무런 도움이 되지 않는다. 이런 상황에 부딪치면 일단 자신이 프로그램을 얼마나 잘 실천했는지 확인하고 실행법을 다 이행하지 못한 이유를 찾아야 한다. 자신에게 솔직하게 평가를 해보면 대부분 문제점이 발견되며 자연스럽게 개선책을 찾을 수 있다. 다음과 같은 질문으로 자기 평가를 해보자.

• 자신이 피하거나 실천하기 힘든 실행법이 있는가?

- 실행법을 실천하는 데 구체적인 어려움이나 방해물이 있는가?

- 주간 계획표를 항상 가지고 다니는가? 또 계획을 주기적으로 확인하는가?

- 매일 일과를 시작하기 전에 계획을 확인하는가?

- 실행법 실천에 써야 할 시간을 다른 일에 사용하지는 않는가?

8장

실행 도구 3: 주간실행루틴

지금까지 계획을 짜고 글쓰기를 실행하는 데 필요한 도구를 주로 살펴봤다. 이제 마지막으로 살펴볼 도구는 '주간실행루틴'이다. 주간실행루틴은 진행 관리, 점수 기록, 시간 활용이 하나의 주간 루틴routine_일정표에 정해져 있거나 통상적으로 하는 행동 또는 일_옮긴이에 모두 들어간 것으로서 글쓰기 목표 달성의 확률을 크게 높여준다.

주간실행루틴의 목적은 매주 차근차근 글쓰기를 진행하는 것이다. 여기에는 점수 매기기, 책임감 유지, 문제 파악, 문제 해결법 수립 등이 들어간다. 연구에 따르면 주간 루틴을 따르는 것은 일관성을 가지고 글쓰기를 진행하는 데 필수적인 요소다. 이번 8장에서는 5단계로 이루어진 주간실행루틴을 소개하려 한다. 이 루틴은 당신이 목표를 향해 꾸준히 노력하도록 도와줄 것이다.

지난주 점수 매기기

한 주를 시작하거나 마무리할 때는 검토 후 계획을 세우는 시간을 가져야 한다. 주초에 할지 주말에 할지는 각자 편한 대로 정하면 된다. 중요한 것은 한 주를 돌아보고 주간 점수를 매기는 일이다. 실행 점수는 몇 점인가? 주요 지표는 어떠한가?

7장에서 살펴본 것처럼, 주간 점수는 진행 상황을 측정하고 문제를 파악하는 가장 기본적인 진단 도구다. 점수를 보면서 몇 가지 질문을 생각해보자. 이 데이터에 따로 신경써야 할 부분이 있는가? 이 정도면 매우 훌륭하며 성공적이라고 자부해도 되는가? 자신에 대한 평가를 직면하기란 쉽지 않지만 자신의 발전에 꼭 필요한 일이다. 측정하지 않으면 발전할 수 없다.

주간 계획 확정 및 수정

주간 점수를 매기고 평가를 끝냈다면, 이제 다음 주 계획을 구체적으로 짜야 한다. 먼저 12주 계획을 세울 때 원래 선택했던 실행법을 출발점으로 잡으면 된다. 12주 계획에는 한 주 동안 해야 할 일을 고려해 선택한 실행법이 이미 적혀 있다. 여기에 지난주 계획에서 애초에 아예 빠트렸거나 계획에 있으나 실행하지 못한 실행법을 추가해야 한다.

단, 주간 계획에 새로운 실행법을 더할 때는 조심해야 한다. 주간 계획은 12주 계획을 기반으로 쓰는 게 가장 좋다. 어떤 실행법이 시급하거나 단지 좋아 보인다는 이유로 추가하면 주간 계획의 실효성이 떨어질 수 있다. 12주 목표를 달성하는 데 꼭 필요한 경우에만 덧붙이고, 매주 이 실행법이 반복적으로 사용된다면 12주 계획에 직접 추가하는 게 낫다.

《글쓰기 안내서》 프로젝트의 주간 계획을 다시 살펴보자. 첫 번째 12주 계획의 목표는 책의 주제를 정하는 것이고, 그 구체적인 내용은 대략적으로 다음과 같다.

12주 계획

목표 1: 책의 주제 정하기

주요 실행법/행동	기한
글쓰기 관련 가장 많이 발생하는 어려움을 알기 위한 인터뷰어 선정	1주 차
인터뷰 스케줄 짜기	1~2주 차
인터뷰	2~3주 차
관련 조사	1~4주 차
관련 연구 문헌 수집	1~4주 차
가장 많이 발생하는 어려움 1~3위 선정	5~6주 차
수집한 문헌에서 1~3위 해당 부분 정독	6~10주 차
1~3위에 대한 추가 문헌 수집	6~11주 차
책 주제 선정	12주 차

1주 차 주간 계획을 세울 때 12주 계획을 잘 확인해서 필요한 실행법을 그대로 포함한다. 그러면 아래와 같은 주간 계획이 만들어진다.

1주 차 계획

- 전략 블록: 월 오전 9~11시/수 오후 1~3시/금 오후 12~1시
- 주간 모임: 토 오전 9~10시

주요 실행법/행동	기한
글쓰기 어려움 관련 자료 인터넷/문헌조사	월/수
글쓰기 어려움 관련 연구 및 문헌 수집	월/수
글쓰기 어려움 관련 인터뷰어 선정	월/수
인터뷰 준비	금

주간 점수표

점수=(완료 실행법÷예정 실행법)×100

		1주	2주	3주	4주	5주	…	12주
주간 점수								
주간 점수 평균								
지표	실제 쓴 단어 수							
	목표 단어 수							
	실제 쓴 장 수							
	목표 장 수							

계획 조정

주간 계획을 짤 때는 달력과 예시주간을 참고해서 현실적으로 실행 가능한 계획을 수립해야 한다. 주간 계획이 원래 구상했던 모습 그대로 시행되는 경우는 거의 없다. 진행 상황과 스케줄, 아직 진행 중인 실행법이 기입된 목록의 상태 등을 살펴보고, 필요하다면 주간 계획을 조정한다.

12주 계획을 처음 만들 때 5주 차에 글쓰기 세션을 평소처럼 3번으로 잡아도 전혀 문제가 없을 것 같았다고 해보자. 그런데 4주 차가 끝날 무렵이 되니 예상치 못한 회의가 잡혀서 글쓰기 세션 1회분의 시간을 빼앗기거나, 회사 야유회같이 글쓰기와 무관한 활동으로 한 주 내내 바쁠지 모른다. 이럴 때는 현실 상황에 맞게 시간 블록을 약간 조정해야 한다.

조정 범위는 각자의 스케줄에 따라 달라진다. 스케줄이 다소 여유롭다면 시간 블록의 순서만 바꾸거나, 마무리하지 못한 실행법을 스케줄에 추가한 다음 남는 시간에 실행하면 된다. 글쓰기 시간이 매우 제한적이라면 당장 다음 주 마감일을 맞추지 못하는 것만으로 전체 스케줄에 큰 차질이 생길 수 있으므로, 12주 계획과 주간 계획을 즉시 조정해야 한다. 그렇게 하지 않으면 주간 계획이 무의미해지고, 마감일을 놓치는 일이 반복될수록 스트레스만 더욱 커질 것이다.

물론 외부에서 정해준 마감일에 맞춰야 하는 상황이라면 일을 마음대로 미루지 못한다. 그럴 때는 점검 세션과 계획 세션을 활용해서 밀린 작업을 최대한 빠르게 처리할 방법을 찾아야 한다. 혹시라도 일이 밀렸거나 하기 싫다는 이유만으로 계획을 무리하게 변경하면 안 된다. 계획과 결과 사이에 간극이 발생하면 긴장이 높아지지만, 이는 긍정적인 긴장이다. 이런 격차가 생겼다고 해서 포기할 것이 아니라 더 열심히 해야겠다는 의지를 다지도록 하자.

주간 계획이 확정되면, 인쇄해서 플래너에 끼워놓거나 화이트보드에 붙여두고 매일 참고한다.

실행 12: 주간 계획을 완성하자

4장에서 작성한 12주 계획을 참고한다. 다음 표를 사용하거나 http://getyourwritingdone.com에서 템플릿을 인쇄한 다음, 1주 차에 계획된 실행법을 모두 쓴다. 스케줄을 짤 때는 각 실행법을 전략 블록에 맞게 배정해야 한다.

1주 차 계획

- 전략 블록: _____
- 주간 모임: _____

주요 실행법/행동	기한

주간 점수표

점수=(완료 실행법÷예정 실행법)×100

		1주	2주	3주	4주	5주	···	12주
주간 점수								
주간 점수 평균								
지표	실제 쓴 단어 수							
	목표 단어 수							
	실제 쓴 장 수							
	목표 장 수							

일일 회의 활용

이 세상에는 우리 주의를 흩트리는 것들이 넘쳐난다. 아침에 일어나자마자 이메일, 뉴스, 소셜미디어에 정신이 팔리기 쉽다. 자칫 하면 중요한 실행법을 놓치고 오전 시간을 통째로 날릴 우려가 있 다. 특히 프로젝트가 침체되거나 의욕이 떨어지는 시기에 이렇게 옆길로 새기 쉽다. 오전에 이런 일탈이 자주 반복되면 결국 주간 계 획도 일관되게 시행하기 어려워진다.

이런 문제를 떨쳐버리고 하루를 생산적으로 시작하는 방법으 로 일일 회의를 추천한다. 이는 혼자 또는 파트너, 모임 멤버들과 일 순위 아침 일정으로 5~10분 정도 짧게 회의를 열고 어제 과제를 모 두 처리했는지, 오늘 실행법을 시행할 준비가 됐는지 확인하는 것이 다. 주간 계획상의 스케줄은 무엇인가? 오늘 가장 먼저 처리해야 할 중요한 일은 무엇인가? 스케줄에 어려움이나 문제는 없는가? 다 른 일을 조정해서 글쓰기 프로젝트에 1시간 더 투자할 수 있는가? 글쓰기 시간을 방해하는 사람, 사건, 틱톡 영상 등을 단호히 거부할 마음의 준비가 됐는가?

주간 모임 참석

6장에서 살펴본 것처럼 주간 모임은 책임감을 고무하고 글쓰기 에 대한 의욕을 높인다. 또한 12주 계획을 시행하는 과정에서 발생하는 여러 가지 문제에 대처하는 방법을 배울 수 있는 좋은 기회다. 이 모임을 최대한 활용하려면 주간실행루틴의 '지난주 점수 매기기' 와 '주간 계획 확정 및 수정'을 먼저 실행하도록 한다. 주간 점수와 교훈, 문제점과 해결책, 현행 주간에 대한 계획을 간략히 정리해서 모임에 가져간다. 그러면 모임 멤버들에게 유용한 피드백을 얻을 수 있다. 이 모임은 12주 프로그램을 시행하는 동안 작가로서 매주 더 발전하는 데 큰 도움이 된다.

주간실행루틴은 별로 복잡하지 않다. 매주 꾸준히 실행하는 게 어려울 뿐이다. 하지만 루틴을 철저히 실천할수록 습관이 되어 점차 편안해지고, 크게 달라진 최종 결과에 매우 만족할 것이다.

실행 13: 주간실행루틴을 실천하자

주간실행루틴은 앞서 설명한 5단계로 구성된다. 1단계와 2단계 는 주 초반의 전략적 점검 세션에서 시행해야 한다. 각각의 단계에 관한 다음 지침을 인쇄해두고 저절로 외워질 때까지 자주 참고하기 바란다.

- 1단계: 지난주 점수 매기기

  - "나는 지난주를 어떻게 보냈는가?"

  - "주요 지표는 어떠한가?"

  - "데이터를 통해 무엇을 알 수 있는가?"

- 2단계: 주간 계획 확정 및 수정

  - 12주 계획에서 해당 주간의 원래 계획을 확인

  - 지난주 마무리 못한 실행법을 이번 주 계획에 추가

  - 주간 계획 인쇄

- 3단계: 계획 조정

  - 스케줄을 살피고 주간 계획 확정

  - 해당 주간의 필요에 맞게 예시주간을 적절히 바꾸고, 스케줄에 시간 블록을 기입

  - 계획에 필요한 실행법을 스케줄에 추가

  - 정해진 기한 내에 계획한 실행법을 끝내지 못하면 12주 계획을 조정해야 함

- 4단계: 일일 회의 활용

  - 당일 스케줄과 실행법을 점검

- "그날 반드시 처리해야 하는 가장 중요한 일은 무엇인가?"

- "글쓰기 세션에 지장이 없도록 다른 일을 처리할 것인가?"

- "하루 중 다른 일과를 조정해 글쓰기 시간을 더 늘릴 수 있는가?"

- 5단계: 주간 모임 참석

  - 주간 점수, 주간 활동 요약 준비

  - 주간 활동 발표, 문제점과 교훈점 등 공유

  - 피드백 교환 후 서로 격려/다음 할 일 확인

3부

12주 프로그램의 완성도 높이기

9장

첫 시도 유지하기

글 쓰는 방식을 바꾸고 목표를 달성하는 일이 쉽다면 아무도 이 책을 읽을 필요가 없을 것이다. 이 책의 목적은 이 두 가지를 더 쉽게 만드는 것이다. 12주 목표와 실행법을 정하고 마감 기한을 설정하면, 일단 글쓰기에 성공하기 위한 중요한 심리적 단계를 밟았다. 그런데 종이에 목표를 적는다고 해서 목표를 달성하고자 끝까지 노력하는 태도가 저절로 유지되는 것은 아니다. 결국 자기 자신이 12주 프로그램에 동력을 공급해야 한다. 다시 말해 계획을 세우는 것만으로는 충분치 않으며, 그 계획을 성공시키기 위해 온 마음을 다해 노력해야 한다.

이렇게 계획에 고착하려는 의지를 강화하는 데는 다양한 방법을 사용할 수 있다. 여기서는 나를 포함해 여러 사람에게 효과가 있었던 몇 가지 방법을 소개하려 한다. 하지만 이를 참고해 결국 자신에게 가장 잘 맞는 방법을 각자의 힘으로 찾아내야 할 것이다.

12주 프로그램에 온전히 몰입하자. 해보고 안 되면 접는다는 식으로 생각하지 않는다. 부분적으로 따라 해보는 것도 좋은 생각이 아니다. 가장 확실한 방법은 12주 프로그램의 모든 요소를 받아들이고, 실제로 12주간 계획에 온전히 고착하는 것이다. 계획만 세워놓고 주간 모임 구성은 누락하거나 주간 점수 매기기를 생략하지는 말아야 한다. 그런 식으로 한두 가지를 빼먹으면 12주 프로그램이 성공하기 어렵다. 12주 프로그램은 처음부터 제대로 시행해야 한다. 글쓰기 비전을 만들고 목표와 실행법을 설정한 다음, 언제까지 끝낼지 마감일을 정해 주간 계획을 짠다. 주요 지표를 설정하고 점수표를 만들고, 주간 모임을 구성하면 본격적으로 시작할 준비가 된 것이다. 이러한 과정을 하나씩 거칠 때마다 글쓰기 계획에 대한 주인의식이 고양되며, 12주 프로그램을 성공적으로 완료할 가능성이 커진다.

자신의 계획에 대해 최대한 알리자. 나를 포함해 많은 사람이 가족, 친구, 직장 동료에게는 물론이고 인터넷이나 소셜미디어, 블로그 등을 통해서 자신의 계획과 목표를 공개하는 것을 좋아한다.

이렇게 하면 몇 가지 긍정적인 효과가 있다. 가장 두드러지는 효과는 많은 사람에게 계획을 알렸으니 그만큼 책임감이 무겁게 느껴진다는 것이다. 계획을 주변에 알려놓고 정작 실천하지 않으면 무안해진다. 하지만 이것은 다른 효과에 비하면 가장 미미하다. 사람들에게 계획을 알려야 하는 더 큰 이유가 있는데, 바로 자기 자신을 독려하며 목표를 추상적인 대상에서 현실화하는 효과다. 가족, 친구, 직장 동료가 당신의 목표가 무엇인지 알면 열심히 해보라고 격려해줄 것이며, 피드백을 제공하거나 좋은 영감이 떠오르는 말을 해줄지도 모른다. 주변 사람에게 목표를 먼저 알리지 않으면, 이런 반응은 절대 기대할 수 없다.

주변 환경과 자신의 마음 상태를 계획에 맞춰 정리하자. 그렇게 하려면 불필요한 것들을 없애야 한다. 계획을 세울 때 예상한 커미트먼트와 실제로 계획을 실행할 때 요구되는 커미트먼트의 수준은 조금 다를 수 있다. 계획을 세우면 중요한 목표와 실행법 위주로 행동하므로 필요한 수준의 커미트먼트를 유지할 수 있다. 이러한 커미트먼트를 글쓰기 스케줄이라는 형태로 바꾸어놓은 것이 바로 예시주간이다. 하지만 현실에서는 의식적으로 노력할 때만 이 스케줄을 정상적으로 유지하고 실천할 수 있다. 누구나 외부 요소, 예기치 못한 상황, 주의를 산만하게 하는 일에 넘어가지 않기 위해 진지하게 노력할 때만 자신의 글쓰기 스케줄을 유지할 수 있다. 나 역시 단 한 주도 전략 블록에 방해가 없던 적이 없다. 항상 잠깐 얼굴을 보자는 누군가의 연락을 받거나, 다른 프로젝트에 신경쓰느라 집중력이 떨어지거나, 이메일, 소셜미디어 등을 확인하고픈 유혹을 느낀다. 1주 차를 본격적으로 시행하기 전에 자신의 상황을 잘 정리하는 게 좋다. 특히 소설을 쓰거나 졸업 논문, 중요한 보고서를 작성하려면 시작하기 전에 준비를 잘해야 한다.

정리의 첫 단계는 글쓰기에 시간을 할애하는 데 명확한 걸림돌이 무엇인지 식별하는 것이다. 다음 달에 직장 상사가 시간이 많이 드는 업무를 맡길 가능성이 있는가? 당신이 서재나 도서관, 카페에서 오랜 시간 글쓰기에 전념하는 것에 대해 배우자, 친구, 자녀는 어떻게 생각하는가? 글쓰기 외에 다른 할 일도 많을 텐데, 정신적 여유나 체력 면에서 이를 다 감당할 수 있는가?

처음 실행하는 12주 계획을 성공적으로 마무리하려면, 이러한 질문에 솔직하게 답해야 한다. 그러고 나서 글쓰기 목표를 달성하는 데 충분한 시간을 낼 수 있도록 상황을 조정하고, 필요하다면 다른 일이나 인간관계는 어느 정도 타협해야 한다. 어떤 사람은 새로운 일이 생길 때마다 일단 해보고 싶어 하는데, 앞으로 12주간은 그런 곁눈질을 하면 안 된다. 배우자나 가족이 당신에게 버림받았다고 느낄까 봐 걱정된다면, 그들과 함께 보내는 시간을 충분히 떼어놓는 게 좋다. 그래야만 가족과 글쓰기 중에서 양자택일해야 하는 심각한 상황을 방지할 수 있다. 직장 상사에게는 업무를 늘릴 시간적 여유가 없다는 점을 분명히 알리고, 반려견을 산책시키는 시간도 1시간에서 30분으로 미리 줄이는 게 좋다. 간단히 말해서, 글쓰기 목표를 달성하는 데 시간과 에너지를 충분히 투자해야 한다.

의욕 넘치는 시작(1~4주 차)

12주 프로그램을 실천할 때의 이점 중 하나는 새로운 것을 시작한다는 생각에 의욕이 샘솟는다는 점이다. 바로 그 에너지를 활용해서 이 프로그램을 실천한다. 다이어트, 운동 요법, 글쓰기를 막론하고 새로운 프로젝트를 시작하면 초반에 여러 가지 어려움이 생기기도 한다. 하지만 의욕 넘치게 시작하면 쉽게 흔들리지 않고 초반을 넘길 수 있다.

1~4주 차에는 활력이라는 이점이 있지만, 프로그램을 익히고 이전 습관을 떨쳐내고 새로운 습관을 들이는 게 힘들게 느껴질 수 있다. 실제로 이 부분은 굉장히 힘들다. 연구 결과를 보면 '초반에 성공하는 경험'을 하느냐에 따라 힘든 고비가 찾아올 때 계속 버티

느냐 아니면 포기하느냐가 정해진다.[2] 여기서 1~4주 차에 빠르고 성공적인 경험을 할 수 있는 두 가지 방법을 소개한다.

첫 번째 방법은 성공하는 경험이 1주 차와 2주 차에 발생하도록 계획하는 것이다. 현재 진행 중인 글쓰기 프로젝트의 종류에 따라 방법은 다를 수 있는데, 1~2주 차에 시행할 만한 주요 실행법 중 달성했을 때 깊은 만족감과 의욕을 얻을 수 있는 것을 선택하면 된다. 대부분의 글쓰기 프로젝트는 긴 시간이 소요되므로 최종 결과가 나오려면 수개월에서 수년까지 걸린다. 하지만 아무리 장기 프로젝트라 해도 최종 결과는 작은 성공이 반복, 축적되어 만들어진다. 소설의 경우 인물 소개나 첫 장면을 완성하면 큰 고비를 넘긴 것이다. 블로거라면 새로 만든 사이트에 '안녕하세요'라는 인사 글을 올리는 것으로 첫걸음을 시작할 수 있다. 학생이나 연구원이라면 해당 주제에 대해 가장 중요한 이전 자료를 읽고 요약하거나 논문 계획서를 완성하면 된다. 초기의 성공은 규모나 성질보다 당신에게 어떤 감정을 느끼게 하는지가 더 중요하다. 여기서 안정적인 느낌을 받으면 금세 추진력이 생길 것이다.

다른 방법은 12주 프로그램의 모든 부문을 1주 차에 다 실행해 보는 것이다. 계획을 짜고 실행법을 시행하고 점수를 매기는 모든 과정을 빠르게 경험하면, 좋은 습관이 그만큼 빨리 자리 잡는다. 그리고 1주 차에 배정된 모든 실행법을 실천했기에 앞으로도 계획을 잘 시행할 수 있다는 자신감을 얻는다.

잘 버티기(5~8주 차)

심리학자인 돈 켈리와 대릴 코너는 사람들이 큰 변화를 겪을 때 '무지한 낙관주의'[3]에 빠지는 경향이 있다고 말한다. 새로운 상황에 놓이면 유리한 사항에 초점을 맞추고 좋은 결과를 기대한다는 것이다. 초반의 이런 감정은 근거가 매우 부족한데, 실제로 변화하는 데 얼마나 큰 노력이 드는지 아직 잘 모르기 때문이다. 따라서 1~4주 차에는 새로운 프로그램에 대한 호기심을 가지고, 이 프로그램을 통해 여러 가지 이점을 얻을 수 있다는 생각으로 신혼여행에 온 사람처럼 들뜬 감정을 느낀다.

4주 차가 지나고 초기에 일이 잘 풀리는 느낌이 사라지고 나면 5~8주 차에 감정적인 고비를 겪는다. 익숙했던 이전 방식을 포기하고 새로운 방식에 적응하려면 당장 불편한 점이 많은 데다, 초반에 기대했던 좋은 점들은 좀처럼 빨리 나타나지 않기 때문이다. 이 단계에서 많은 사람이 책을 쓰거나 블로그를 운영하기로 결심한 것 자체가 과연 잘한 일인지 의문을 품는다.

큰맘 먹고 새로운 글쓰기 프로젝트를 시작하면 반드시 감정적 변화의 주기를 겪는다는 점을 기억해야 한다. 인간은 기계가 아니라 감정의 동물이다. 큰 변화를 겪을 때는 이를 거부하는 심리가 작동하기 마련이다. 따라서 감정적 기복을 예상하고 대비해야 한다. 이런 기복이 생긴다고 해서 자신이 못나거나 나쁜 사람이라는 뜻은 아니다. 글쓰기 계획에 문제가 있거나 작가로서 자질이 없다고 생각할 필요도 없다. 유독 짜증이 심한 날에 그간 공들여 써온 글을 모두 포기해버려서도 안 된다. 사실 끔찍하게 하기 싫은 날에 억지로 써낸 글이라도 나중에 보면 생각보다 꽤 괜찮은 경우가 많다. 그러니 감정적 동요가 있더라도 꾸준히 글을 써야 한다.

또 잘 버티려면 비전에 계속 초점을 맞추는 것이 좋다. 그러면 아무 생각이 나지 않거나 글을 쓰기 싫은 기분이 들 때도 이를 악물고 버텨낼 힘이 생긴다. 누구나 '심술마왕'이 찾아오는 순간을 경험하며 인생의 고비를 겪을 때가 있다. 그럴 때는 굳게 버티고 서서 어떻게 하면 그 고비를 가치 있는 경험으로 만들지 고민해야 한다. 나는 프로젝트를 마무리하는 순간에 얼마나 홀가분할지 많이 상상한다. 비전 보드를 만들어서 잘 보이는 곳에 두고 매일 보면서 의욕을 다지는 것도 사람들이 많이 사용하는 방법이다.

전략적 마인드셋을 받아들이고 힘든 날에 어떻게 대처할지 계획하는 것도 도움이 된다. 으레 찾아오는 짜증에 어떻게 대처할지 알게 된 뒤로, 나는 우선 속도를 늦추어서 부정적인 감정을 달래고자 노력한다. 평소와 달리 유독 집중이 안 되거나 잠을 못 자서 몸이 피곤하거나 이유 없이 기분이 울적할 때는 '또 심술마왕이 왔구나'라고 생각하며 속도를 늦추고 그날 써야 할 분량을 줄인다. 유난하게 힘들고 지치는 날에는 아예 글쓰기 작업을 중단해도 된다. 대신 '방어 태세'를 취하며 글쓰기만큼 감정적, 정신적 에너지가 많이 소모되지 않는 다른 일을 처리한다. 하루 작업량이 정해져 있을 때는 그날 처리할 수 있을 정도로 분량을 줄인다. 온종일 걸리는 실행법을 실천해야 하는 날이라면 실행법을 몇 개의 청크로 나눈 다음, 순서상 가장 먼저 처리해야 할 청크 하나만 작업한다.

굴하지 않고 밀고 나가는 습관이 자리 잡을 때까지는 자기 자신을 편하게 대해야 한다. 그날 정해진 분량을 다 채우지 못할 수도 있지만, 아예 멈추는 것보다는 천천히 조금이라도 글을 쓰는 게 낫다. 이렇게 계속 전진하는 것이 불시에 찾아오는 짜증과 거부감을 떨쳐내는 데 도움이 되며, 그런 감정이 반복될 때 압도되지 않고 극복할 수 있다. 아마 많은 사람이 책상 앞에 앉아도 좀처럼 기분이 좋아지지 않을 것 같은 생각이 드는 경험을 수없이 해봤을 것이다. 그래도 꾹 참고 몇 줄 써 내려가거나 실행법을 몇 개의 청크로 나눈 다음 하나씩 실행하다 보면 한결 기분이 나아지고 예상외로 꽤 많은 일을 할 수 있다.

훌륭한 마무리(9~12주 차)

이제 남은 과제는 12주 프로그램이 끝날 때까지 계속 글쓰기에 집중하는 것이다. 고지가 눈앞이라고 마음이 안일해져 '남은 기간은 어떻게든 잘되겠지'라고 생각하면 안 된다. 목표를 예상보다 일찍 달성했다면 글쓰기를 놓아버릴 수도 있다. 하지만 그러면 정기적으로 글 쓰는 습관을 얻기 위해 지금까지 노력한 것이 모두 수포가 된다. 그러니 주간실행루틴을 충실히 지켜, 기존에 하던 대로 주간모임에 참석하고 주간 점검을 하며 점수표를 작성해야 한다.

글쓰기 목표를 달성하지 못했다면, 남은 4주 동안 글쓰기 의욕이 사라지거나 부정적인 생각에 휩싸일 우려가 크다. 이런 경우 계획을 끝까지 실천하려는 의지를 다지고, 지금까지 부진했던 이유를 깨끗이 인정하고 감정적으로 흔들리지 않고자 노력해야 한다. 이 단계에서는 불편한 감정을 안고 갈 수밖에 없는데, 시간이 얼마 남지 않은 상황에서 목표와 현실 사이의 격차가 너무나 명백하기 때문이다. 인생을 살다 보면 누구나 목표를 달성하지 못하는 경험을 한다. 이때 중요한 것은 이 상황에 어떻게 대처하느냐다.

이런 불편한 상황에 대처하는 방법은 흔히 두 가지로 나뉜다. 가장 쉬운 방법은 12주 프로그램을 그냥 중단해버리는 것이다. 그러면 해야 할 일을 하지 못했다는 사실에 더는 신경쓰지 않아도 된다. 주간 계획을 세우지 않고 점수도 매기지 않으면, 자신의 목표와 실제 행동 사이의 간극이 어느 정도인지 굳이 눈으로 확인할 필요도 없다. 하지만 눈에 보이지 않아도 그 격차는 분명히 존재한다.

이보다 어렵지만 더 바람직한 방법은, 지금 느끼는 불편한 감정과 계획 마무리 단계가 주는 급박함을 원동력 삼아 심기일전하는 것이다. 이미 벌어진 일에 너무 낙심하거나 지나치게 자신을 탓하는 것은 좋지 않다. 우리는 기계가 아니므로 목표까지 격차가 크다면 불과 4주 만에 이를 만회하기는 거의 불가능하다. 하지만 이런 상황에서도 더 진보하고, 12주 프로그램을 충분히 숙달하고, 새로운 습관을 형성하는 데 집중할 수 있다. 그 과정을 통해 어떤 문제점이나 방해물 때문에 계획을 제대로 실천하지 못했는지 깨달아야 한다. 그러면 이를 극복할 방법을 찾고 목표를 적절히 수정해 12주 과정을 멋지게 마무리할 수 있다.

12주 프로그램이 거의 끝나가는 단계에서 마지막으로 하고 싶은 조언이 있다. 지금까지 해온 과정을 있는 그대로 받아들이고, 잘한 부분에 대해서는 스스로 상을 주라는 것이다. 안타깝게도 어떤 사람은 처음 해보는 큰 프로젝트를 끝낸 후에 자축의 시간을 갖기는커녕 '골대를 옮겨놓는다.' 방금 성취한 훌륭한 결과에 집중하지 않고 아직 달성하지 못한 새로운 목표로 눈길을 돌리는 것이다. 12

주간 집중적으로 노력해 모든 목표를 달성했다면 성취감을 충분히 즐기기 바란다. 목표를 설정하고 여러 가지 계획을 짜고 하나하나 실천하는 능력을 얻은 것은 충분히 축하하고 기뻐할 일이다. 블로그에 글을 한 편 올리거나 책 한 권을 끝낼 때마다 스스로에게 자동차를 선물할 필요는 없지만, 글쓰기 작업을 완수했을 때 자기 자신을 칭찬해주는 마음을 갖는 일은 중요하다.

실행 14: 13주 차를 검토하자

이제 12주 프로그램을 처음으로 모두 끝내봤다. 여기서 12주 프로그램의 비밀 요소인 13번째 주를 소개할까 한다. 13주 차는 그간의 노력과 수고를 치하하고 시행 과정 전체를 다시 돌아보는 시간이다. 다른 12주 프로그램을 시작하기 전에 특별한 버퍼 블록을 가진다고 생각하면 된다. 이 시간을 활용해서 새로운 12주 계획을 밀고 나갈 준비를 한다. 이제 막 끝낸 12주 계획을 점검하고 성과를 평가하는 데 약 2시간 정도 걸릴 것이다. 새로운 12주 계획을 짜는 데는 별도의 시간을 마련한다.

13주 차에는 다음과 같은 세 가지를 점검한다.

주간 목표와 실행 상황을 평가한다. 각 목표를 몇 퍼센트 달성했는지, 주간 점수표에서 80퍼센트 이상 도달한 경우는 몇 번인지 확인한다. 이에 더해 다음 질문에 답해본다.

- 측정 결과에서 어떠한 통찰을 얻을 수 있는가?
- 12주 동안 효과적이었던 부분과 그렇지 않았던 부분은 무엇인가?
- 어떤 부분이 가장 힘들고 어려웠는가?
- 주간 점수를 높이려면 어떤 부분을 개선해야 하는가?

12주 프로그램의 바탕을 이루는 핵심 부문과 도구를 어떻게 적용했는지 평가한다. 시간이 흐름에 따라 이러한 요소들을 능숙하게 활용하고, 결국 기복 없이 꾸준히 글을 쓸 수 있는 능력이 생긴다. 이제 12주를 돌아보며 점수를 매겨보자. 최저점은 1점으로 '전혀 효과적이지 않았다'는 뜻이고 최고점은 10점으로 '매우 효과적이었다'는 뜻이다. 이렇게 12주를 돌이켜 점검할 때 어떤 교훈을 얻을까? 특정 부문을 개선해야 할 이유가 발견된 경우, 새로 시작하는 12주 프로그램에서 그 문제를 어떻게 개선할 것인지 생각한다.

	1점	2점	3점	4점	5점	6점	7점	8점	9점	10점
비전										
계획										
시간 활용										
점수 기록										
주간실행루틴										
주간 모임										
주요 지표										

배울 점을 찾아서 다음 12주 계획을 더 효율적으로 만드는 데 활용한다. 어떤 점이 효과적이었는가? 어떤 문제나 방해물이 예상외로 대처하기 어려웠는가? 이렇게 점검할 때도 전략적 마인드셋이 필요하다. 글쓰기 주간을 더 계획적으로 운영할 방안이 있는가? 선행 지표는 추적할 만한 가치가 있는가? 더 빠르고 편하게 목표를 달성하기 위해 글쓰기 과정 중 어떤 부분을 간소화할 수 있는가? 글쓰기 시간을 늘리기 위해 일부 업무를 다른 사람에게 위임할 수 있는가? 글쓰기 시스템을 개선하는 데는 끝이 없다. 작가로서 경험이 많다 해도 항상 새로운 점을 배우고 개선 방안을 모색해야 한다.

12주 프로그램에서 자주 생기는 문제

목표가 너무 많다. 이런 문제가 생기지 않게 하려면 처음 계획을 세울 때 가장 중요하게 생각한 목표 한두 가지만을 달성하는 것으로 만족해야 한다. 프로그램 중간쯤 되어서야 목표가 너무 많다는 것을 깨달았다 해도 미련을 버려야 한다. 망설이지 말고 즉시 목표의 수를 줄이고, 가장 중요한 목표에 집중해야 한다.

너무 복잡하다. 실행법이 너무 많고 한꺼번에 여러 실행법을 신경써야 한다. 4장에서 살펴본 것처럼 목표 달성에 가장 효과적인 것을 선택해 실행법을 최소한으로 줄인다.

목표나 타임라인이 달성하기 비현실적이다. 열정이 넘치는 것은 당연히 좋은 것이다. 다만 열정에 넘쳐 비현실적인 목표를 세워서는 안 된다. 아무리 열심히 노력해도 하룻밤 사이에 글 쓰는 분량을 두 배로 늘릴 수는 없다. 목표를 달성하는 방법을 구체화할 수 있는 경우에만 목표를 넓혀야 한다.

다른 일을 할 시간이 거의 없다. 이런 경우에는 두 가지 방안이 있다. 먼저 글쓰기에 아예 더 집중할 수 있다. 글쓰기 외의 책임이나 업무는 과감히 포기하거나 접어둔다. 다른 방법은 글쓰기의 비중을 과감히 줄이는 것이다. 글쓰기와 다른 일을 모두 가져간다면 최선이겠지만, 현실은 만만치 않다. 자신의 상황을 따져서 선택과 집중을 해야 한다.

주간 모임이 잘 유지되지 않는다. 아무리 공통의 목표를 위해 모였다 하더라도, 평소에 바쁘지 않은 사람은 없으므로 모임 스케줄 조율은 항상 어려운 문제다. 하지만 주간 모임은 굳이 얼굴을 맞대고 긴 시간을 투자할 필요가 없다는 것을 기억하자. 비대면으로도 충분히 만나서 의견을 나눌 수 있는 환경이 갖춰졌다. 마음이 잘 맞는 사람들로 모임을 구성한 다음 모두 참석 가능한 시간과 방법을 탄력적으로 찾아야 한다.

계획에 일관성이 없다. 주간 모임이 정기적으로 이어진다면 이 문제는 오래가지 않을 것이므로 크게 걱정할 필요가 없다. 일일 회의와 주간 점검을 습관화하는 것도 이 문제 해결에 도움이 된다. 매일 시간을 내서 그날 사용한 실행법을 점검하고, 매주 편안한 시간에 그 주의 진행 상황을 보면서 다음 주를 계획한다.

글쓰기에 따른 희생이 버겁다. 새로운 계획으로 기대에 부푼 시기가 지나고 힘든 작업을 해야 하는 시기와 마주하면 많은 사람이 포기하고 싶어 한다. 그런가 하면 1~2주 정도 계획을 잘 실천하지 못해 주간 점수가 낮게 나올 때 몹시 속상해하는 사람도 있다.

앞에서도 말했지만, 글쓰기는 외롭고도 소모적인 일이다. 힘들 때는 현실을 직시하는 것 외에는 방법이 없다. 아쉽게도 말이다. 무엇 때문에 글쓰기에 방해를 받는지 생각해보고 원인을 정확히 알아낸 다음 해결 방안을 생각하는 것이 최선이다. 잠시 쉬면서 말이다.

10장

글쓰기 분량 늘리기

이제부터 12주 프로그램을 활용해서 생산성을 높이는 방법을 깊이 파고들 것이다. 실제로 나는 "글쓰기 생산성을 높이는 가장 좋은 방법을 딱 하나만 꼽는다면 무엇일까요?"라는 질문을 가장 자주 받는다. 그럴 때는 항상 "분량을 늘리거나 속도를 높이는 데는 어떤 비법이나 지름길도 없습니다"라고 대답한다. 지금보다 더 생산성을 높이려면 12주 프로그램과 같은 시스템을 도입해야 한다.

'생산적'이라는 말은 경우에 따라 다르게 해석된다. 이 단어의 뜻을 명확히 해두어야 12주 프로그램도 잘 활용할 수 있다. '생산성이 높다'는 데도 여러 가지 의미가 있다. 사람마다 중요하게 생각하는 것이 다를 수 있지만, 작가는 일반적으로 이 말들을 다음 세 가지 뜻으로 받아들인다.

- 글쓰기 세션 1회당 더 많은 단어를 씀
- 1주, 1개월, 1년 등을 기준으로 더 많은 분량을 씀
- 블로그에 올리는 글, 각종 기사, 책과 같이 다양한 프로젝트를 마무리하고 마감일을 잘 관리함

이 세 가지 의미는 서로 겹치는 부분도 있지만, 저마다 다른 문제점을 제기한다. 따라서 생산성을 높이는 방법도 다 달라야 한다. 다행히도 12주 프로그램은 모든 경우에 도움이 된다.

글쓰기 분량에 영향을 미치는 요소

글쓰기 세션에 원하는 분량만큼 쓰지 못한다면 문제의 원인부터 찾아야 한다. 내 연구와 개인적 경험을 종합해보면, 글쓰기 분량은 다음 여섯 가지 요소에 좌우된다.

- 글쓰기 준비 상태
- 신체적/정신적 준비 정도
- 글쓰기 세션 길이(시간)
- 글쓰기에 도움이 되는 환경을 갖췄는지 여부

- 집중력 및 주의를 산만하게 만드는 요소를 관리하는 능력
- 글 쓰는 속도(페이지당 단어 수)

이 중에서 글 쓰는 속도는 크게 문제 되지 않는다. 내 경험에 비추어 볼 때, 글쓰기 속도 때문에 생산성이 낮은 경우는 굉장히 드물다. 그런데도 사람들은 글을 쓰는 속도를 높여보라는 조언에 솔깃해한다. 아마존에는 '시간당 1만 단어 쓰기' 같은 제목을 내세운 책이 즐비하다. 어떤 책에서는 글쓰기 앱이 문제라고 하면서, 자기네 앱을 구매하면 글쓰기 과정이 간소화되며 작업 집중도를 높일 수 있다고 주장한다. 그런가 하면 또 다른 책에서는 분당 작성 단어 수를 늘리려면 타자하지 말고 구술해야 한다고 알려준다. 글을 수정하고 싶은 유혹을 억누르고 분량에 연연하지 말고 편하게 쓰면 된다는 주장도 있다.

물론 이런 의견이 다 틀렸다는 말이 아니다. 어떤 사람은 이런 제안이 자신에게 잘 맞는다고 느낄지 모른다. 하지만 이와 같은 방식은 정해진 시간 내에 얼마나 많은 분량을 쓰느냐를 결정하는 많은 요소 중 한두 가지를 공략할 뿐이다.

사실 작가로서 빠르게 글을 쓰는 능력은 가장 사소한 문제에 속할 것이다. 어쩌면 가장 큰 문제는 아침에 커피나 차를 준비해서 책상에 앉아 컴퓨터를 켜긴 했지만, 몸이 너무 피곤하거나 머리가

돌아가지 않거나 프로젝트 다음 단계 진행에 대해 아무 생각이 나지 않는 것일지 모른다. 혹은 이메일이나 소셜미디어를 확인하고 싶은 마음을 억누르는 게 가장 어려운 일일 때도 있다.

준비만큼 좋은 것은 없다. 나는 생산적인 글쓰기 세션을 원하는 사람에게 준비야말로 최고의 방법이라고 말해주고 싶다. 준비를 잘하면 앞서 소개한 여섯 요소 중 네 가지가 모두 충족된다. 즉, 무엇을 쓸지 알고, 확실히 휴식을 취하고, 글쓰기 세션에 충분한 시간을 배정하고, 필요한 것을 미리 마련하면 된다. 그러면 글쓰기 세션 당일에 계획을 세울 때보다 훨씬 생산적으로 글을 쓸 수 있다. 글쓰기 세션의 생산성이 저조하다는 생각이 든다면, 이 네 요소를 다시 점검해보기 바란다.

글쓰기 세션의 효율을 높이는 준비 과정 4단계를 소개한다.

생산적 글쓰기가 될 만한 시간을 정한다. 일단 자신이 언제 가장 좋은 몸 상태로 글쓰기를 할 수 있는지 파악한다. 적절한 글쓰기 리듬을 유지할 수 있는 글쓰기 세션의 길이도 정해야 한다. 세션이 너무 길어지면 집중력과 생산성이 오히려 떨어질 수 있다는 점에 유의한다.

글쓰기 세션마다 실행법을 명확해 정해둔다. 12주 계획을 만들며 12주 목표와 관련 실행법을 정할 때부터 신경써야 한다. 실행법은 주간 계획을 세울 때 더 구체화하는데, 계획 단계에서 철저히 준비할수록 실천 단계가 쉬워진다. 매주 어떤 실행법을 어떻게 실행할지 열심히 생각한다면 글쓰기 세션은 빠르게 진행될 것이다. 글쓰기 세션 중에 무엇을 해야 할지 파악하느라 시간을 보내는 것은 비효율적이다. 계획하는 시간이 더 필요하면 계획 세션을 따로 마련해야 한다.

사전 작업은 사전에 끝낸다. 글쓰기 세션이 되어 책상 앞에 앉았는데, 조사가 더 필요하다는 점을 뒤늦게 깨달을 때가 있다. 이러면 글쓰기에 집중할 수 없으므로 매우 속상할 것이다. 이런 일이 자주 벌어진다면 준비 시간을 더 늘려야 한다. 연구조사, 플롯 만들기, 자료 읽기, 노트 정리, 인터뷰 같은 사전 작업은 사실 12주 계획에서 각각의 구체적인 실행법에 해당한다. 이런 실행법은 주간 계획에 마감일을 정해놓고 글쓰기 세션 중 하나에 연결해야 한다. 이렇게 하면 더 현실적인 계획을 만들고, 글쓰기 준비 단계를 글쓰기로 착각해 불필요한 스트레스를 받는 일도 방지할 수 있다.

글쓰기 세션을 시작하기 전에 모든 도구를 준비해놓는다. 글쓰기 세션의 생산성을 극대화하고 싶다면, 프랑스의 전통적인 개념인

'미즈 앙 플라스^{mise-en-place}'를 따라 해보기 바란다. 이는 "제자리에 둔다"는 뜻으로 프랑스 요식업에서 유래한 말이다. 작가에게 미즈 앙 플라스란 그날 글을 쓰는 데 필요한 모든 도구와 자료를 완벽하게 준비하고, 가능한 효율적으로 사용할 수 있도록 정리해두는 것을 말한다. 손으로 쓴 자료, 출력한 자료가 있다면 컴퓨터에서 바로 작업할 수 있게 문서 파일로 옮기는 게 좋다. 책상을 정리하는 것도 미즈 앙 플라스에 들어간다. 편안함과 효율성을 높일 수 있도록 책상을 정리하고 필요한 도구를 배치하자.

글쓰기 세션을 위한 사전 작업을 끝낸 후라도 여전히 원하는 만큼 많은 분량이 써지지 않을 때가 있다. 그런 경우 문제는 다름 아닌 집중력 부족이다. 현재에 대한 집중력은 세 가지 기본 요소에서 발생한다.

첫 번째, 글쓰기 세션에 대한 준비가 잘 갖춰져 있고 목표를 정확히 알면, 집중력은 반드시 높아진다. 안건이 명확하면 그만큼 글쓰기에 집중하기 쉽다. 반대로 아무 계획이 없는 상태에서는 컴퓨터 앞에 앉아도 머릿속으로 무엇을 써야 할지 고민하느라 실제로 쓰는 양은 많지 않으며, 주변에 산재한 방해 요소로 눈길이 가는 것을 참기 어렵다.

두 번째 요소는 의욕이다. 진행 중인 작업에 대한 애착이 있으면 굳이 애쓰지 않아도 집중력이 잘 유지된다. 이럴 때는 글이 술술 풀리면서 한참 후에 시간이 이렇게 많이 지났는지 몰랐다고 말하기도 한다. 그래서 꼭 해보고 싶거나 오랫동안 소망하던 것을 비전이나 목표로 삼고 12주 계획을 짜는 것이 가장 이상적이다. 그런 경우에는 의욕이 넘치고 글을 쓰는 과정에 자연스럽게 집중한다.

의욕은 건전한 수준의 긴박감을 유발한다. 책을 쓰는 것처럼 장기 프로젝트에서는 중간에 긴장이 풀리기 쉽다. 그러나 다음 주까지 에필로그를 완성해야 한다고 생각하면 긴장감이 생기고 집중도가 훨씬 커질 것이다.

아무리 노력해도 의욕이 떨어지는 문제가 지속될 경우, 다음 사항을 점검해보기 바란다. 당신의 비전과 목표는 서로 잘 어울리는가? 지금 쓰는 글이 진심으로 원했던 것인가? 혹시 신체적/정신적 문제가 글쓰기에 걸림돌이 되는 것은 아닌가? 우리 모두 할 일이 많지만 체력엔 한계가 있기 마련이다. 직장에서 종일 근무하고, 가족을 부양하고, 우울증이나 불안 등 감정적 문제와 씨름하는 일은 상당히 강도 높은 문제로서, 작가의 생산성을 크게 저해할 수 있다.

집중력의 마지막 주요 요소는 자제력이다. 글쓰기가 항상 기분 좋게 할 수 있는 일은 아니다. 열정적으로 프로젝트를 진행하는 와중에도 힘든 고비가 온다. 생계를 위해 또는 직업상 글을 쓰는 사람이라면, 자기가 쓰는 글이 문학계에 한 획을 그을 대작이 아니라는 사실을 누구보다 잘 안다. 특히 원고를 검토하고 주석을 다는 작업은 견디기 힘들 정도로 지겨운 과정이다. 그때 이메일, 통화 등의 유혹을 물리치거나 아예 새로운 프로젝트로 관심을 돌리지 않고 꾹 참으려면 어마어마한 의지력을 발휘해야 한다.

지속적으로 자제력을 갖기란 상당히 힘든 일이다.《드라이브 Drive》의 저자 다니엘 핑크와《그릿Grit》의 저자 앤절라 더크워스의 최근 연구는 목표를 달성할 때 자제력이 얼마나 중요한지 알려준다.[4] 작가는 주로 컴퓨터 작업을 하므로 셀 수 없이 많은 요소에 쉽게 주의를 뺏긴다. 글쓰기 세션에 집중하는 것도 결국 습관의 문제다. 그리고 이 습관도 여느 다른 것처럼 몸에 배게 만들 수 있다. 건전한 습관을 새로 형성하려면 제임스 클리어의《아주 작은 습관의 힘Atomic Habits》을 읽어보기 바란다. 이 책은 나쁜 습관을 버리고 좋은 습관을 기르는 유용한 방법을 알려준다.

내가 주로 쓰는 방법은 쉽게 할 수 있는 개선 목표를 설정해 천천히 노력하는 것이다. 얼마 동안 집중하면 좋을지 부담 없이 정해놓되, 시간을 서서히 늘려간다. 처음에는 집중할 수 있는 시간이 짧더라도 실망할 필요가 없다. 중요한 것은 처음에 얼마나 집중했느냐가 아니라 마지막에 얼마나 집중하느냐다. 성실하게 연습하면 생각보다 빠르게 집중 시간이 늘어날 것이다.

글을 쓰는 도중에 집중력이 흐트러지는 게 문제라면, 타이머를 활용할 수 있다. 타이머로 5분을 설정하고 그동안에는 글쓰기에만 집중하는 것이다.[5] 5분 후에는 잠시 이메일이나 소셜미디어를 확인해도 된다. 이 과정을 반복해 글쓰기를 마무리한다. 이 과정이 좀 편안해지면 분 단위로 시간을 약간 늘려본다. 이런 식으로 스스로 만족스러울 때까지 '딴짓하는 시간'을 점차 줄여나간다. 처음에는 4분 이상 집중하기 어려웠지만, 1주에 집중 시간이 1분씩 늘었다고 가정해보자. 그러면 6개월 후에는 30분 연속으로 글쓰기에 집중이 가능해진다. 이렇게 훈련이 되면 글쓰기 분량이 많이 늘어날 것이다.

글쓰기 분량을 늘리는 방법

글쓰기 세션에 온전히 집중해서 글 쓰는 것은 문제가 없는데, 분량이 많지 않아서 여전히 고민하는 사람도 있다. 이 경우에는 글쓰기 시간을 늘리는 것 외에는 다른 해결 방법이 없다. 실제로 글을 쓰는 횟수와 글을 쓰고 싶다는 생각이 드는 횟수를 비교한 뒤, 왜 차이가 나는지 생각해보라. 장기적으로 봤을 때 많은 작가가 원하는 수준의 생산성을 유지하는 데 다음 두 가지 어려움을 겪는다.

목표와 계획이 맞지 않는다. 목표를 야심 차게 설정했다면, 필요한 실행법을 실천하는 계획도 그에 맞게 짜야 할 것이다. 장기적 비전에 다가가는 속도가 너무 느리다면, 계획을 짤 때 시간을 충분히 할당했는지 점검해봐야 한다. 1년 안에 책 한 권을 완성하고 싶지만, 막상 예시주간이나 글쓰기 계획을 한두 달 실천해보니 시간이 반년 더 걸린다는 계산이 나올 수 있다. 무조건 1년 안에 책을 완성해야 한다면 글쓰기에 투자하는 시간을 50퍼센트 늘려야 한다. 물론 그에 따라 예시주간을 다시 작성하고 글쓰기 세션을 늘리는 등의 조정도 필요하다. 글쓰기에 더 시간을 낼 수 없는 상황이라면, 기존의 느린 속도대로 글쓰기 프로젝트를 진행하는 데 만족해야 한다.

집중력이 떨어진다. 글쓰기에 충분한 시간을 배정했는데도 12주 프로그램에서 정한 목표를 달성하지 못했다면, 주의를 산만하게 만드는 요소가 많지 않은지 검토해보기 바란다. 글쓰기 세션을 자주 취소하거나 빠트리는가? 다른 할 일 때문에 글쓰기 세션이 계속 방해를 받는가? 12주 프로그램이 아직 끝나지도 않았는데 새로운 프로젝트가 또 생겼는가? 글쓰기 세션에 제대로 집중하지 않고 글쓰기와 무관한 다른 프로젝트를 생각하면서 시간을 허비하는가?

사실 누구나 이런 상황을 종종 겪는다. 내가 아는 교수들은 학기 중 일정 시기에는 채점, 학생 면담, 회의 등 온갖 잡무 때문에 글

쓰는 작업에 거의 손도 대지 못한다. 특히 학기의 첫 주와 마지막 주는 너무 바빠서 내 경우엔 글쓰기 계획에서 그 시간을 아예 배제할 정도다. 그런가 하면 환경이 크게 바뀌어서 글을 끝내는 데 영구적인 문제를 겪기도 한다. 결혼, 출산, 승진, 복학과 같은 일은 인생에서 매우 중요한 변화라서 글쓰기 계획에 큰 차질을 일으킨다. 이럴 때는 자신의 전반적인 인생의 비전 어디쯤에 글쓰기가 위치하는지 결정하고, 그다음에 글 쓸 시간을 어떻게 마련할지 고심해야 한다.

글 잘 마무리하는 법

많은 작가가 글을 마무리하지 못해서 쩔쩔매는 경험을 한다. 이 문제는 여러 가지 형태로 나타나는데, 가장 큰 원인은 긴박감을 느끼지 못하는 것이다. 낮에 다른 직업에 종사하고 여유 시간에만 글을 쓰는 작가 대부분은 소설이나 희곡, 요리책, 여행기 등을 시작하더라도 정작 언제까지 끝내야 한다는 긴박감에 쫓기는 일이 별로 없다. 글쓰기가 생계와 직결된 문제가 아닌 데다 글을 쓰라고 명령하거나 잔소리하는 사람도 없다 보니, 연말까지 책을 완성하지 못해도 크게 문제 되지 않는다. 이렇게 안일한 마음가짐은 버릇처럼 익숙해진다. 이런 경우 12주 프로그램 도입과 같은 해결책을 따로 찾지 않는 한, 글을 쓰다가 말고 다시 시작했다가 또 멈추기를 반복할 뿐 결승선에 도달하지 못한다.

글을 마무리해야 한다는 책임감을 부여하는 사람이 자신 외에는 없다는 것도 문제가 된다. 책 한 권을 완성하려고 수백 시간을 투자하지만, 결국 마무리를 하지 못하는 사람이 많다. 몇 년씩 외롭게 고생하며 글을 쓰다가 포기하는 경우도 많은데, 자신 외에는 아무도 그 프로젝트에 관심이 없고 신경쓰지도 않는다는 점에 압도된 것이다. 글쓰기는 고독한 작업이지만, 그렇다고 해서 작가가 모든 과정을 오롯이 혼자 감당해야 한다는 뜻은 아니다. 주간 모임은 작가에게 아주 든든한 후원자와 같다. 이를테면 어떤 작가가 2장을 마무리하지 못한 채 모임에 오면, 멤버들이 왜 작업이 늦는지 물어보고 글쓰기에 시간을 더 투자하면 문제가 해결될 거라고 말해줄지 모른다.

글을 마무리하지 못하는 또 다른 원인은 두려움이다. 글을 다 쓰면 외부에 공개해야 한다. 사람들은 그것을 읽고 이러저러한 판단을 내릴 것이다. 이제 주간 모임 멤버, 부모님이 아닌 냉정하기 짝이 없는 일반 대중이 독자다. 운이 좋다면 많은 사람에게 좋은 평가를 얻거나 긍정적인 피드백을 받겠지만, 아무리 훌륭한 글을 내놓아도 언제나 부정적인 시각은 있기 마련이다. 심지어 몹시 싫어하는 티를 내거나 공격적인 반응을 보이는 사람도 있다. 그런가 하면 대다수가 무관심으로 일관할 수도 있다. 문제는 두려움 자체가 아니라, 두려움에 직면할 때 어떻게 대처하느냐다.

안타깝지만 두려움을 단숨에 없애거나 쉽사리 극복할 방법은 없다. 먼저 글을 쓰는 과정에서 긍정적 경험을 통해 두려움을 떨치는 방법이 있다. 혹은 자신의 글을 비판하는 사람에게 신경쓰지 말고 자신을 응원해주는 사람에게 기쁨을 얻을 수도 있다. 팀 작업을 통해 부담감과 두려움을 나누는 것도 좋은 방법이다. 이런 방법을 활용하면 글쓰기 마무리에 어려움을 덜어낼 수 있을 것이다.

11장

여러 프로젝트 동시 진행하기

많은 사람이 한 번에 여러 가지 일을 처리하는 것이 좋지 않다는 사실을 안다. 고도의 집중력을 장기간 발휘해야 하는 작업을 하면서 동시에 이메일을 확인하거나 전화를 받거나 소셜미디어를 사용하면 작업 결과에 치명적인 해가 된다는 점은 수많은 연구를 통해 거듭 증명됐다.[6] 그러므로 하나의 목표에 온전히 집중해야 한다. 자신의 모든 에너지와 두뇌 활동을 그 목표에 쏟아부어야 성공할 수 있다. 가능하다면 한 번에 하나의 프로젝트에만 집중하기 바란다. 특히 매우 중요한 글쓰기 프로젝트를 진행하거나 구상하고 있다면, 오롯이 그것에만 집중하도록 한다.

실제로 여러 글쓰기 프로젝트를 동시에 진행하면 어떤 문제가 생기는지 알아보자.

첫째, 후속 조치에 실패할 확률이 높다. 글쓰기 목표가 여러 개로 나뉘면 후속 조치를 못 할 우려가 크다. 자세한 계획을 세우는 게 목표 달성에 중요하지만, 계획 수립이라는 작업은 우리에게 그와 관련된 어려운 일을 상기시킨다. 목표가 너무 많고 계획이 너무 많으면 머릿속이 너무 복잡해져서 결국 어느 것도 제대로 처리하지 못한다.[7]

둘째, '전환비용'의 문제가 생긴다. 글쓰기는 며칠만 쉬어도 중단했던 부분에서 다시 시작하는 게 상당히 어렵다. 주제가 비슷하거나 방금 끝낸 프로젝트와 비슷한 부분이 있으면 그나마 피로도가 덜할 수 있다. 하지만 주제, 쓰는 방식, 장르가 전혀 다른 프로젝트를 오가면 생산성이 현저히 떨어진다.

셋째, 조정 및 '물류비용'이 늘어난다. 단독으로 작업하더라도 복잡한 프로젝트가 여러 개 겹치면 일일이 관리하기 힘들다. 일을 준비하고 계획하고, 자료를 찾거나 노트를 정리하는 데도 시간이 많이 든다. 그런데 다른 사람과 협업하면 상황이 더 심각해진다. 프로젝트가 하나씩 늘어날 때마다 협업에 드는 부가적인 소모가 많이 증가하기 때문이다. 자신도 모르는 사이에 이메일 확인, 회의 참석, 통화 등 글쓰기와 직접적인 관련이 없는 일이 스케줄을 가득 메울 수 있다.

넷째, 의욕과 에너지가 고갈되기 쉽다. 연구 결과를 보면 숙련된 작가도 두뇌를 많이 쓰는 작업을 할 때면 최대 4시간 만에 탈진한 다고 한다. 시간이 부족해서 하루에 여러 프로젝트를 동시에 처리 해야 한다면 반드시 딜레마에 빠진다. 오전에 프로젝트 A를 작업하는 데 두뇌의 에너지를 모두 쏟으면, 오후에 프로젝트 B와 C의 어려운 부분을 처리할 힘이 하나도 없다는 느낌이 들 것이다.

다섯째, 무의식의 도움을 받기 힘들어진다. 흔히 가족이나 지인은 작가가 몸만 같이 있을 뿐 정신은 다른 곳에 있다며 불만을 토로한다. 그도 그럴 것이 수면 중에도 작가의 두뇌는 플롯에서 막힌 부분을 해결하고 복잡한 논지를 구상하며 완전무결한 표현을 찾느라 바쁘게 움직인다. 두뇌는 문제 해결 능력을 최상으로 끌어올리기 전에 오랜 시간 무의식 단계에서 작업할 시간이 필요하다. 그런데 여러 프로젝트를 동시에 진행하면 주의가 분산되며 두뇌의 능률이 크게 떨어진다. 그러면 당연히 예전처럼 글쓰기 과정에서 중요한 문제를 해결할 때 제 실력을 발휘하지 못한다.

여러 프로젝트를 동시에 진행하는 3가지 방법

현실에서는 여러 프로젝트를 어쩔 수 없이 동시에 진행해야 하는 상황이 생긴다. 개인 사정에 따라, 혹은 어떤 분야의 글을 쓰느냐에 따라 여러 프로젝트가 겹칠 수도 있다. 여기서는 이때 도움이 될 방법을 소개한다.

우선순위 정하기

여러 프로젝트를 동시에 진행해야 한다고 해서, 모든 프로젝트가 똑같이 중요하진 않다. 그러므로 12주 프로그램에 계획이나 시간 배정, 의사결정 등의 우선순위를 명확히 반영해야 한다. 우선순위를 정하면 시간이 효율적으로 분배되고, 프로젝트 사이 문제가 생길 때 계획 수정이 빨라진다.

바쁘게 생활하다 보면 여러 프로젝트가 겹쳐서 어디에 집중해야 할지 혼란스러울 때가 있다. 때로는 나머지 프로젝트들은 옆으로 제치고 하나의 프로젝트에 집중할 수밖에 없는 상황도 닥친다. 이런 생각지 못한 변수가 생길 때 우선순위에 따라 계획을 변경한다. 우선순위라는 명확한 기준이 있으면 의사결정에 시간을 낭비하지 않는다.

업무량의 균형 맞추기

12주 계획으로 세 가지 글쓰기 프로젝트를 마무리해야 한다고 가정해보자. 프로젝트의 규모는 셋 다 비슷하며, 하나의 프로젝트를 완성하는 데 대략 4주 정도 걸린다. 그렇다면 업무 스케줄을 짜는 방법은 두 가지로 나뉜다. 먼저 월요일마다 프로젝트 A, 화요일마다 프로젝트 B, 수요일마다 프로젝트 C를 진행하는 방식으로 12주를 이끌어갈 수 있다. 반대로 1~4주 차에 프로젝트 A를, 5~8주 차에 프로젝트 B를 완성하고, 이후 9주 차부터 프로젝트 C를 진행할 수 있다. 둘 중 어느 쪽이 더 나을까? 더 이상적인 경우는 하나의 프로젝트를 완전히 끝낸 후에 다음 프로젝트로 넘어가는 것이다. 예를 들면, 3장을 다 마친 후에 4장을 쓰는 식이다. 하지만 많은 작가가 현실적으로 이렇게 하는 게 불가능하다고 느낀다. 일의 특성 상 단기 프로젝트와 장기 프로젝트를 동시에 진행하거나 예상치 못한 추가 작업이 생기는 일이 다반사다.

매주 여러 프로젝트를 동시에 진행해야 할 경우, 예시주간을 잘 활용하면 전환비용을 줄일 수 있다. 매주 각 프로젝트를 어느 요일에 작업할지 정해둔다. 하루에 하나의 프로젝트에만 집중할 수 있다면 가장 좋다. 사람마다 상황이 다르겠지만 지적 능력이 아주 뛰어난 경우가 아니라면 하루에 여러 가지 프로젝트에 손대는 것은 비효율적이다. 오전에 로맨스 소설을 쓰다가 오후에 추리소설을 쓰려고 한다면 과연 글이 잘 풀리겠는가. 두뇌가 하나의 프로젝트에 몰입한 상태에서 다른 프로젝트로 전환하기란 아주 힘든 일이다.

따라서 여러 프로젝트를 '동시에' 진행해야만 하는 경우에는 월요일마다 프로젝트 A, 화요일마다 프로젝트 B, 수요일마다 프로젝트 C를 수행한다. 나는 업무 특성상 이런 기준에 따라 12주 계획을 만든다. 한 번에 한 가지 작업만 진행할 수 있는 상황은 거의 없다. 그래서 항상 우선순위를 정하고 그에 따라 주간 스케줄을 만든 다음, 빨리 익숙해지려고 노력한다. 중요한 것은 전환비용이나 조정 및 물류비용 등에 뺏기는 에너지를 최소화하는 일이다. 가장 효율적인 글쓰기 방법은 아닐지 몰라도, 내 상황에서는 가장 나은 방법이기에 이를 받아들이려고 노력한다.

한 가지 주의할 점이 있다. 하나의 전략 블록에 여러 가지 작업을 몰아넣는 일은 절대 하지 말아야 한다. 이렇게 하면 여러 프로젝트를 동시에 관리하느라 집중력이 분산되고 결국 어느 것 하나 제대로 마무리하지 못한 채 시간이 다 지나가버릴 것이다. 멀티태스킹을 하면 남에겐 멋있어 보일지 몰라도, 한 시간대에 두세 가지 프로젝트를 함께 진행하는 것은 글을 쓰면서 이메일과 소셜미디어 확인을 병행하는 것처럼 매우 비효율적인 방식이다.

자신의 한계 파악하기

여러 프로젝트를 한 번에 진행할 때 마지막으로 기억할 점은 자신의 한계를 알고 현실적인 목표를 세우는 것이다. 자신이 1주, 1개월, 1년에 할 수 있는 업무량을 정확히 알지 못하면 현실적인 계획을 세우기 어렵다. 12주 계획을 세울 때도 그렇지만, 특히 여러 프로젝트를 동시에 진행할 때는 이 점이 매우 중요하다. 프로젝트가 겹치면 그만큼 스트레스가 높아지고, 그러면 하루빨리 일을 끝내야 한다는 생각에 목표나 마감일을 비합리적으로 정할 가능성이 크다.

어떤 종류의 글을 쓰느냐에 따라 자신의 한계를 파악하는 방법이 달라져야 한다. 때로는 글쓰기 속도만 파악해도 된다. 그런가 하면 계획 수립, 플롯 완성, 연구조사 등 글쓰기 외의 부수 작업에 시간이 많이 걸리는 때도 있다. 이럴 경우에는 해당 작업에 드는 시간을 정확히 측정해야 한다.

먼저 커다란 청크부터 스케줄을 정하는 게 좋다. 내 경우, 워낙 오랫동안 글을 쓰다 보니 자신의 작업 속도를 정확히 인지한다. 글쓰기 프로젝트의 주요 청크를 기준으로 할 때 학기 중에는 한 달에 청크 2개 정도를 처리할 수 있지만, 그중에서 실제 글쓰기 청크는 하나뿐이다. 이때는 글쓰기에 할당한 시간이 그 청크 하나에 전부 들어간다. 아무런 방해도 받지 않고 글쓰기에 집중할 수 있는 시간을 따로 떼어놓는데도 청크 하나밖에 완성하지 못한다. 하지만 다른 작업은 중간에 방해를 받거나 여러 가지 업무를 동시에 처리해야 하는 상황에서도 비교적 손쉽게 처리한다.

내 주요 청크는 배경 자료 읽기, 문헌 검색, 자료 모으기, 데이터세트 분석, 필기한 자료를 근거로 1장 분량의 글을 쓰기 등이다. 물

론 이러한 청크 하나하나를 자세히 들여다보면 여러 실행법이 관련
됐다. 새로운 프로젝트를 시작할 때 자료 수집에 필요한 실행법이
정확히 몇 개인지 미리 알 수는 없지만, 경험상 다 실행하는 데 한
달 정도가 걸린다. 학기 중에 프로젝트 진행 속도가 느려서 늘 답답
했기에 생산성을 높여보려고 무진장 애썼지만, 결국 그게 내 속도
의 한계라는 것을 인정해야 했다. 이 점을 12주 계획에 반영해봤다.
우선 계획표를 월 단위와 청크로 표시하기 위해 3열로 나누었다.
그다음에 매월 끝내야 할 주요 청크를 썼다.

2005년 1월부터 4월의 12주 계획에서 주요 청크가 기재된 부
분은 다음과 같다. 표에 나온 청크들은 당시 나의 12주 목표였다.
이 기간은 학사 스케줄과 겹치는 부분이 있다.

	목표(주요 글쓰기 청크)	목표(글쓰기가 아닌 주요 청크)
1~4주 차(1.10~2.6)	'숲속의 곰' 초안 완성	'전쟁, 뉴스와 여론' 관련 자료 수집
5~8주 차(2.7~3.6)	'헤게모니를 넘어서' 기사 수정 후 제출	'전쟁, 뉴스와 여론' 내용 분석
9~12주 차(3.7~4.3)	'전쟁, 뉴스와 여론' 초안 완성	다음 프로젝트 관련 자료 읽기

부차적 작업을 처리할 시간을 내는 것도 좋다. 나는 글쓰기 청
크는 매달 하나밖에 처리하지 못했지만, 그와 동시에 매주 다른 소
규모 실행법을 병행할 시간적 여유가 있었다. 이런 실행법은 중요하
지만 주요 청크에 비하면 간단한 작업들이었다. 다른 사람이 쓴 초

안을 검토하거나 프로젝트에 관련된 자료를 읽어보는 것, 공동 저자와의 주간 모임에 참석하는 것, 프로젝트 관련 문제로 누군가를 만나서 상의하는 것, 컨퍼런스에 논문 초고를 제출해 피드백을 받는 것 등이 이에 속했다.

12장

팀으로 작업하기

요즘 TV 프로그램이나 영화 대본, 작사, 책 집필, 학문 연구 등 다양한 프로젝트에서 여러 저자가 함께 작업하는 사례가 많다. 어떤 사람에게는 공동 저자와 협업하는 게 업무상 필수요건이지만, 단독으로 작업할지 공동 저자를 구할지 선택할 수 있는 경우도 있다. 공동 작업에 대한 의견은 작가마다 전혀 다르다. 어떤 사람은 공동 작업을 싫어하지만, 나처럼 공동 작업이 매우 효과적이고 즐거운 방법이라고 여기는 사람도 많다.

어떻게 생각하면 공동 작업은 여러모로 주간 모임과 비슷하다. 같은 사람들이 정기적으로 모여서 글쓰기에 관해 대화하기 때문이다. 6장에서 살펴봤듯이, 주간 모임은 책임감과 의욕을 높이며 서로에게서 많이 배우고 피드백을 주고받을 수 있는 기회며, 글쓰기 스케줄의 뼈대 역할을 한다. 공동 작업도 이런 효과가 있지만, 사실 이런 범위를 뛰어넘는 장점이 있다. 좋은 공동 저자를 만나면 작가로서의 인생이 달라지거나 경력이 크게 발전한다. 공동 저자와 협업 시 구체적인 이점은 다음과 같다.

- 단독 작업보다 훨씬 많은 분량의 글쓰기 가능
- 단독 작업보다 작업의 질적 수준 향상
- 단독 작업이 어려운 장르나 분야 글쓰기에 도전 가능
- 작업 인맥 확장
- 경험이 풍부한 동료 작가의 신뢰도 활용 가능
- 젊은 작가로부터 영감 획득과 동기부여 가능

하지만 다른 사람과 함께 글쓰기 프로젝트를 진행하면 여러 가지 어려움에 부딪히기도 한다. 내 동료들은 모두 협업을 하다가 크게 실패한 경험이 있다. 다음은 공동 저자와 협업을 할 때 발생 가능한 문제점이다.

- 프로젝트 계획/업무 분배 문제
- 의사결정의 어려움/타협의 여지 발생
- 저자 간 갈등 발생

- 기한 준수의 어려움

팀 작업에 12주 프로그램 적용하기

연구 자료를 보면, 12주 프로그램의 효율성을 뒷받침하는 여러 원칙이 높은 성과를 달성하는 팀의 대표적 특징이라는 것을 알 수 있다. 존 카첸바흐와 더글러스 스미스는 《기업혁신 팀 경영 Wisdom of Teams》에서 우수한 성과를 내는 팀은 다음과 같은 여섯 가지 공통적인 특징이 있다고 알려준다.

- 크지 않은 팀 규모
- 서로 보완할 수 있는 기술을 가진 팀원
- 공동 목표에 대한 열정이 있는 팀원으로 구성
- 명확하고 구체적인 목표
- 명확한 업무 접근 방식
- 서로에 대한 강한 책임감

1단계: 팀 구성

한 명이든 여러 명이든 공동 저자를 구할 생각이라면, 자신을 보완해줄 능력이 있고 오랫동안 즐겁게 같이 작업할 수 있는 사람을 찾아야 한다. 즐겁게 작업하기 어렵다면 적어도 서로 참아주려는 의지가 있어야 한다. 개인적 경험을 되돌아보면, 비슷한 사안에 관심이 많거나 서로를 높이 평가하며 존중하는 사이일 때 공동 저자로 책을 써보려는 마음이 생긴다. 아무튼, 여기까지는 별로 어려운 일이 아니다.

문제는 실질적으로 서로 잘 맞는지 판단하는 것이다. 공동 저자의 후보에 오른 사람이 나와 같은 글쓰기 비전이 있는가? 작업 방식을 쉽게 합의할 수 있을 만큼 개방적인가? 같은 팀으로서 어떤 방해물이나 문제를 직면하더라도 굴하지 않고 프로젝트를 완수하려는 의지가 있는가? 글쓰기 마인드셋을 가졌는가? 이러한 질문에 선뜻 대답하지 못하면 아무리 사이가 좋더라도 공동 작업은 하지 말고, 그냥 좋은 벗이나 동료 작가, 주간 모임의 멤버로 지내는 게 낫다. 공동 저자를 선정할 때는 나와 얼마나 친한 사람인지가 중요치 않으며, 무엇보다도 신뢰할 만한 사람을 찾아야 한다. 같이 일하는 사람은 의사소통 능력이 뛰어나고 업무에 대한 의욕이 강하고 솔직하며, 업무 진행 능력이 안정적이고 책임감이 강해야 한다.

공동 저자로 적합한지 판단할 수 있는 테스트가 따로 있는 것은 아니다. 하지만 공동 저자를 선정하기 전에 후보자를 인터뷰해 자신과 얼마나 잘 맞는지 확인해야 한다. 인터뷰에서는 다음 질문을 사용할 수 있다.

"이 프로젝트를 함께 진행하는 데 얼마나 관심이 있는가?"

"글쓰기나 인생 전반의 비전과 이번 프로젝트가 서로 어떤 관련
성이 있는가?"

"각자의 장점이나 능력을 고려해 프로젝트 내에서 역할이나 책
임을 나누는 것을 어떻게 생각하는가?"

"프로젝트에서 자기가 맡은 부분을 책임지기 위해 시간과 활력
을 충분히 사용할 수 있는가?"

"글쓰기를 진행할 때 어떤 어려움을 겪으리라 예상하는가?"

"다른 사람과 공동 작업할 때 어떤 방식으로 일하거나 의사소
통하는가?"

"12주 프로그램을 사용해서 프로젝트를 계획하고 실행해도 좋
다고 생각하는가?"

2단계: 팀 비전 수립

개인과 마찬가지로 팀도 강력한 비전이 있어야 책임감과 의욕
이 높아지며, 크고 작은 어려움을 겪더라도 자신의 역할을 꾸준히
수행할 힘을 얻는다. 사실 팀은 공통의 비전이 있어야 한다. 그래야
멤버가 서로 다른 목표를 내세우며 갈등하지 않고 뜻을 합쳐서 하

나의 목표를 추구한다. 예를 들어, 여러 명의 소설가가 공동 작업을 할 경우에는 어떤 장르의 소설을 쓸 것인지 먼저 합의해야 한다. 강력하고 명확한 비전의 중요성은 팀의 크기에 비례한다. 사람이 많아질수록 팀의 목표에 대해 동의를 얻어내고 그에 집중하게 유도하기 어려워진다.

자신이 조직 운영에 대한 전권을 가지며 충성스러운 대원들의 조건 없는 지지를 받는 독재자가 아닌 이상, 팀의 비전은 모든 팀원이 참여해 함께 만들어야 한다. 물론 처음에는 한 사람이 소설, 뉴스레터 등을 쓰자고 제안해 팀을 구성하는 과정을 주도할지 모른다. 하지만 팀의 비전을 만들 때는 모든 멤버가 참여해 심사숙고해야 한다.

- 장기적이고 야심 찬 팀의 비전을 정한다(보고서 완성/단행본 쓰기/시리즈물 쓰기/칼럼이나 뉴스레터 발행 등).
- 중간 비전을 정한다(장기적 목표가 있는 경우. 팀은 1년 후에 어디쯤 있을 것인가? 3년 후에는 어떠한가? 그 무렵에 초안만 완성할 것인가? 첫 작품을 출간할 것인가? 웹사이트 방문자를 일정 수 이상으로 끌어올릴 것인가?).
- 향후 12주간 팀이 달성해야 할 목표와 글쓰기 프로젝트를 결정한다(이것이 바로 팀이 처음으로 수행할 12주 계획이 된다).

팀을 짜서 일하는 것을 좋아하는 사람은 이 과정을 즐겁게 여긴다. 팀은 단독으로 일하는 작가와 비교가 되지 않을 정도로 폭넓은 역량을 갖는다. 팀이 나아갈 방향이나 가능성에 대해 함께 브레인스토밍하고 아이디어를 만드는 과정은 정말 흥미진진한 작업이다. 두려움 없이 보다 큰 가능성을 꿈꾸거나 더욱 야심 찬 목표를 세울 수 있다. 팀의 비전에 대해 열정적으로 심도 있는 토론을 할수록 팀원의 의욕이 올라가고 프로젝트에 더 열심히 임한다.

비전에 관한 토론을 통해 잘 맞지 않는 사람이 누구인지 알아낼 수도 있다. 이런 사람을 뒤늦게 파악하는 일만큼 치명적인 실수도 없을 것이다. 손발이 맞지 않는 사람은 가능한 한 빨리 팀에서 배제하는 게 좋다.

3단계: 협업 계약서 작성

비전이 정해지면 이제는 공동 작업 시 지켜야 할 규칙과 법적 책임 범위 등을 정해야 한다. 이를 '협업 계약'이라고 한다. 계약의 세부 내용은 팀의 상황에 따라 달라지겠지만, 일반적으로 공동 저자의 소개 순서, 지적재산권, 갈등의 해결과 이익 분배 방식이 포함된다.

협업에는 여러 가지 장점이 있지만, 아무리 단순한 작업이라도 여러 사람이 관련되면 상당히 복잡해진다. 처음부터 틀을 세우고 규칙을 정해둬야 오랫동안 편안하게 일을 진행할 수 있다. 처음에는 모두 기대감에 부풀고 의욕적이라서 문제가 생기리라는 생각을 거의 하지 않는다. 하지만 상황이 악화해 더는 함께 작업할 수 없다는 마음이 들면 어떻게 할 것인가? 그때 남은 작업은 누가 책임질 것인가? 둘 중 한 명이 그만두더라도 남은 사람이 혼자서 프로젝트를 진행해 완성할 수 있을 것인가?

불필요한 오해나 서로 얼굴을 붉히는 일을 방지하기 위해 반드시 협업 계약을 마련해야 한다. 금전적인 목표를 염두에 두고 공동 작업을 계획한다면, 투명하고 법적 효력이 있는 계약을 체결하는 게 더욱 도움이 된다. 협업 계약의 초안을 만들 때 다음과 같은 점을 고려할 수 있다.

- 저자명 표기
  - 공동 저자를 어떤 순서로 명시할 것인가?
  - 최종 출판물에 어떤 식으로 이름을 표기할 것인가?
- 저작권 소유
  - 공동 소유로 할 것인가?
- 기타 저작물 소유
  - 최종 출판물에는 포함되지 않는, 공동으로 작업한 데이터와 저작물은 누구의 소유로 볼 것인가?

- 파트너십이 종료될 경우 이러한 자료의 활용은 어떤 규칙에 따를 것인가?
- 책임 소재 및 업무 분담
  - 글쓰기 과정에서 어떤 부분을 누가 책임질지 어떻게 세분화할 것인가?
  - 저자로 '인정받기' 위해 멤버는 각자 어떤 업무를 처리할 것인가?
- 의사결정 체계
  - 팀 차원의 의사결정은 어떻게 내릴 것인가?
  - 한 명의 리더를 뽑을 것인가, 아니면 멤버 모두가 리더십을 공유할 것인가?
- 후속 작업 계획
  - 어떤 속편을 쓸 것인지 또는 어떤 후속 프로젝트를 시작할 것인지 어떻게 결정할 것인가?
- 수익 배분
  - 팀이 완성한 출판물이나 상품 등에서 발생하는 수익이나 로열티는 어떻게 배분할 것인가?
- 홍보 문제
  - 언론 대응, 출판사 접촉 및 주요 독자층을 대상으로 하는 홍보는 누가 맡을 것인가?
- 기타 논의거리

- 지금까지 언급한 문제와 관련해 의견 차이가 발생할 때 어떻게 해결할 것인가?
- 추후 상황이 바뀌어 협업 계약을 수정해야 할 때 어떤 절차에 따를 것인가?

4단계: 12주 계획 및 글쓰기 방법 수립

팀의 공동 비전을 정하고 협업 계약을 완성했다면, 이제 12주 계획을 만들어야 한다. 공동 저자와 함께 4장에 나오는 과정을 참고하면서 글쓰기 프로젝트를 몇 개의 청크로 나누고 12주 목표를 설정한다. 그다음 어떤 실행법을 쓸지 브레인스토밍하고, 목표를 달성하는 데 꼭 필요한 행동을 정리한다. 계획을 평가할 때 사용할 핵심 지표도 정해야 한다. 마지막으로 각 실행법에 대한 마감일을 정하면 12주 계획의 초안이 완성된다.

12주 프로그램을 시행할 때 단독 작업과 공동 작업의 차이가 여기에서 발생한다. 공동 저자와 함께 작업할 때는 다음 두 가지 문제를 생각해야 한다.

첫 번째, 글쓰기 방법에 역할 분담과 책임 소재를 명확히 해두는 것이다. 누가 어느 작업을 맡을지 애매해서는 안 된다. 물론 팀 전체가 글쓰기 목표에 대한 책임을 느껴야 하지만, 실행법 하나하나는 작가 개개인의 몫이다. 그런데 두 사람이 어떤 실행법을 함께 맡으면 서로 미루기만 하는 상황이 벌어질 수 있다. 그러면 팀 전체의 작업에 차질이 생긴다. 물론 팀의 글쓰기 작업을 조직하는 데 가장 좋은 방법이 따로 있는 것은 아니다. 프로젝트, 멤버의 성향, 목표 등에 따라 방법은 달라져야 한다. 사실 많은 작가가 공동 작업을 할 때 작업량을 분배하는 일에선 시행착오를 거칠 수밖에 없다. 장이나 부를 기준으로 작업량을 나누는 경우도 있고, 한 사람이 전체 초안을 작성하면 다른 사람이 수정을 하는 경우도 있다. 팀의 규모가 클수록 전문성에 따라 세분화하기도 한다. 다양한 전문 분야 또는 학술 분야의 사람들이 모인 경우에는 자료 모으기, 분석 및 시각화 작업을 나눠 진행한 다음, 여러 전문가들이 분석 결과를 논의하고 다른 팀원들이 최종 결과를 글로 옮기는 작업을 할 수 있다.

두 번째, 계획의 진행을 관리하는 문제다. 단독 프로젝트와 달리 협업은 상호 의존성이 크게 두드러진다. 자료 모으기를 맡은 사람이 일을 끝내야만 분석 작업을 맡은 사람이 일을 시작할 수 있다. 실행법을 실천하는 것은 개인 역량에 따르며 저자마다 작업 속도도 다르므로, 어떤 사람이 자기가 맡은 일을 끝낼 때까지 다른 사람이 대기해야 하는 상황이 생기기도 한다. 그러므로 팀 전체가 순조롭게 일을 처리하려면 계속 협조하면서 의사소통해야 한다. 12주 계획을 세울 때도 어떤 실행법이 누가 무엇을 언제 하느냐에 좌우될지 세세히 고려해야 한다. 공동 작업의 방식은 팀마다 다르겠지만, 팀의 12주 계획이 성공하려면 다음의 요건을 반드시 충족해야 한다.

- 글쓰기 방법 관련 각자의 역할과 책임 명시
- 누가 어떤 방법을 언제까지 끝내야 하는지를 모두가 공유
- 12주 프로그램을 짤 때, 서로 협조하며 다양한 실행법을 써야 함
- 각 실행법에 한 명의 책임자를 배정
- 각자 맡은 실행법에 책임져야 함을 모두가 주지

진행 관리는 팀의 성과에 직결되는 중요한 문제다. 가변적인 부분이 많고 구성이 복잡하고 사람이 많을수록, 단독 프로젝트보다 일이 어그러질 가능성이 늘어난다. 하지만 12주 프로그램을 사용하면 협업 성공률을 확연히 높일 수 있다. 이 프로그램의 주간 계획, 주간 점수, 주간 모임 등은 팀원이 프로젝트에 계속 집중하고 원활하게 의사소통하며 난관에 직면해도 묵묵히 프로젝트를 밀고 나가도록 도와줄 것이다.

주간 계획에는 팀의 12주 계획에 따라 멤버들에게 배당된 실행법이 있을 것이다. 계획표만 보고 누가 언제까지 무슨 실행법을 진행해야 하는지 바로 확인할 수 있어야 한다. 이를 토대로 각자의 주

간 계획을 수립하여 주요 행동과 실행법을 스케줄에 쓰고, 예시주간에 따라 전략 블록과 버퍼 블록을 정하면 된다.

팀 멤버의 주간 점수도 모두 추적해야 하며, 팀 전체의 주간 점수를 산출하는 사람을 정한다. 이는 개개인을 판단하기 위해서가 아니라, 문제점을 찾아내고 팀의 계획 수립 및 실행을 개선하기 위해서다. 다만 점수를 추적하고 발표하는 상황이 편치 않을 수 있다.

하지만 건강하고 효과적인 팀을 만들려면 팀의 수행 능력을 있는 그대로 직시할 줄 알아야 한다. 우선 프로젝트를 시작하기 전에 공동 저자와 함께 점수에 대해 허심탄회하게 이야기해본다. 점수를 매기는 이유와 방법, 누군가 실행법을 완료하지 못했을 때 팀에서 어떻게 대응할 것인지 논의한다. 그렇게 하면 어떤 팀원의 점수가 낮게 나올 때 모두가 생산적이고 현실적인 대화를 나눌 수 있다.

효율적인 진행 관리를 위해 공동 저자와 정기 모임을 하는 방법도 있다. 사실 서로가 모이는 날이 다가와야 자신의 일을 서둘러 처리하는 경우가 대부분이다. 이렇게 모임은 의욕, 책임감, 열정을 유지시킨다. 최종 완성품의 질을 높이기 위해서도 모임은 매우 바람직하다. 단, 정기적인 토의나 토론, 심의를 거치지 않으면 시너지 효과를 기대할 수 없다.

팀의 주간 모임도 일반적인 주간 모임과 거의 비슷한 형태로 진행한다. 큰 차이점은 단계마다 프로젝트의 내용을 논의해야 한다는 것이다. 개별 발표 때 멤버는 각자 한 주의 진행 상황과 점수를 공개하고 잘된 점과 문제점이 무엇인지 발표한다. 그 후에 다음 주에 사용할 실행법을 검토하고 우려되는 점이 있다면 미리 살펴볼 수 있다. 이러한 과정에서 모든 사람이 계획에 뒤처지지 않도록 격려를 받으며 좋은 방법을 브레인스토밍하면서 도움을 주고받는다.

이때 주간 계획을 확정하는 일도 중요하다. 한 주 성과에 점수를 매기고 다음 주 계획을 논의하면서, 처음 주간 계획을 그대로 유지하는 것이 최선인지 생각해보자. 의견에 차이가 생기면 주간 계획을 고치거나 아예 바꿔야 할 수도 있다. 간혹 주간 모임이 시간 낭비라고 생각할 수 있는데, 매우 잘못된 생각이다.

내 경험상 프로젝트의 성공 여부를 예측하기에 가장 효과적인 방법은 주간 모임이 정기적으로 열리는지를 확인하는 것이다. 주간 모임은 작가의 커미트먼트를 보여주는 지표인 동시에 노력하려는 의지를 높이는 자극제이기 때문이다. 사실 매주 모임에 참석하려면 업무 스케줄의 상당 부분을 할애해야 한다. 따라서 모임 참석은 해당 프로젝트에 대한 진지한 열정을 보여준다.

또한 모임이 정기적으로 이어지면 커미트먼트가 강화된다. 팀원들이 결과에 더 큰 책임감을 느끼며 목표에 점점 가까워질수록 힘을 얻기 때문이다. 반대로 공동 작업을 하면서 모임을 할 시간을 내지 못하면, 갈수록 프로젝트에 대한 커미트먼트가 약화된다. 팀 모임을 하지 않는데도 커미트먼트가 마술처럼 생기는 경우는 없다. 모임이 제대로 운영되지 않는 경우에는 글쓰기 계획이 아무리 훌륭하더라도 얼마 가지 못해서 흐지부지해지고 말 것이다.

13장

글쓰기 마인드셋 만들기

12주 프로그램도 기계처럼 동력이 필요한데, 그 동력은 바로 작가에게서 나온다. 12주 프로그램과 글쓰기 실행에 긍정적인 에너지를 투입할수록 더 나은 결과를 얻을 수 있다. 그렇다면 다음 질문이 떠오른다. '어떻게 해야 긍정적 에너지를 얻을 수 있는가?' 해답은 바로 글쓰기 마인드셋이다.

옥스퍼드 영어사전은 마인드셋을 '어떤 사람이 가진 확립된 태도의 집합체'라고 정의한다. 마인드셋은 성과를 이루어내는 궁극적인 원천이므로 매우 중요한 사안이다. 마인드셋이 생각을 결정하고, 그 생각에서 행동이 나오며, 행동에 따라 결과가 산출된다. 스탠퍼드대학 심리학 교수이자 《마인드셋Mindset》의 저자인 캐럴 드웩은 "자신을 어떤 시각으로 보는가에 따라 인생을 살아가는 방식이 크

게 달라질 수 있다"라고 강조한다.[8]

　우리가 깨닫지 못할 수도 있지만, 마인드셋은 실제로 일상생활에서 매우 큰 힘을 발휘한다. 대학 시절 관심 없는 강의를 신청했다가 최악의 점수를 받아본 적이 있을 것이다. 반대로 성공하려면 꼭 필요하다고 생각한 강의에서는 정말 좋은 점수를 받은 경험도 해봤을 것이다. 자신에게 음악적 재능이 없다면서 악기를 전혀 배우지 않는 사람도 있다. 그런가 하면 어떤 일의 과정이 너무 힘들지만, 마지막에 주어지는 보상을 생각해 이를 악물고 견뎌내는 사람도 있다. 이런 예시들은 일상생활에서 마인드셋이 작용하는 경우에 해당한다.

　유명한 야구선수 요기 베라는 "경기 90퍼센트는 정신력이 절반"이라는 말을 했다. 솔직히 말해서 프로의 세계에서는 모든 사람이 뛰어난 선수다. 이런 사람들 사이에서 두각을 나타내려면 단지 재능이나 신체적 능력에만 의존할 수 없다. 투철한 직업의식을 갖거나 어려움이 생겨도 침착함을 유지하거나 기술의 모든 면을 개선하기 위해 고강도 훈련을 감내하는 등 남다른 방법이 필요하다. 이런 것은 재능과 무관하며 운동선수가 자신이나 경쟁에 대해 어떻게 생각하느냐에 달려 있다. 농구계의 전설적인 존재 마이클 조던은 자신의 성공을 회고하며 말했다. "어떤 선수가 몇 가지 신체적 장점이 있더라도 정신적 강인함과 열정이 이를 훨씬 능가할 수 있다."[9]

운동선수와 마찬가지로 작가도 올바른 마인드셋을 가져야 한다. 하지만 올바른 마인드셋이 과연 무엇인가? 모든 사람에게 '옳다'고 할 만한 하나의 마인드셋을 정할 수 있을까? 물론 그렇지 않다. 작가마다 창의성과 기질이 다르기 때문이다. 글을 쓰는 리듬이나 의식도 제각각이다. 각자 최고의 성과를 달성하는 데 필요한 요소나 계획도 다를 수밖에 없다. 작가의 성향, 경험, 상황 등 최적의 균형을 맞추는 데 필요한 요소는 일일이 셀 수 없을 정도로 다양하다.

그럼에도 픽션과 논픽션 등 장르와 관계없이 글을 잘 쓰거나 다작하는 사람들은 몇 가지 공통적인 태도를 보인다. 관찰자에 따라 조금 차이는 있겠지만 기본적인 요소는 거의 같다. 나는 이 공통점 중 가장 중요한 다섯 가지만 소개할까 한다. 그것은 바로 순간의 위대함, 회복력, 커미트먼트, 책임감, 성장이다.

글쓰기 마인드셋 요소 1: 순간의 위대함

'순간의 위대함'은 끈기나 '그릿'과 비슷한 개념이다. 저서 《그릿》으로 유명한 더크워스는 "그릿이란 자신이 매우 좋아하고 자발적으로 충성스럽게 고착하려는 마음이 생기는 일을 하는 것"이라고 설명한다. 더크워스에 따르면 마음속에 그릿, 다시 말해 순간의 위대함을 이루려는 열정을 품는 일은 매우 중요하다. 육군사관학교에 입학해 여름 집중 훈련을 처음 받을 때 누가 끝까지 버틸지, 전국 철자 맞추기 대회에서 누가 우승할지, 누가 대학원을 무사히 졸업할지 예측할 때 해당 대상의 그릿만큼 확실한 지표도 없다. 더크워스는 그릿이 변하지 않는 성격적 요소가 아니라 오랫동안 노력하면 개선하고 발전시킬 수 있는 자질이라고 말한다.[10] 내 경험을 돌이켜 보더라도 그 말이 정말 옳은 것 같다.

순간의 위대함과 끈질김이 결국 성공으로 이어진다는 것은 당연한 말처럼 들릴지 모른다. 하지만 나는 경험이 없던 초창기에 그 사실을 이해하지 못했다. 글을 쓰기 시작할 때면, 혹시 마무리를 하지 못할까 봐 전전긍긍했다. 내가 남들처럼 아주 똑똑한 사람이 아니라서, 내 프로젝트가 별로 대단치 않아서, 심사위원들이 내 글을 별로 좋아하지 않아서, 또는 내가 논문 심사 과정을 견디지 못해서 실패할 것이라는 생각이 잠시도 머릿속을 떠나지 않았다. 하지만 그런 불안을 끌어안은 채 계속 논문 작업에 몰두했다. 박사 학위에 대한 갈망이 더 컸기 때문이다. 돌이켜 생각해보니 내가 이 논문의 책임자이며 매일 최선을 다하면 된다고 생각한 것이 내게 큰 원동력이었다. 그것이 바로 논문을 마칠 수 있다고 믿은 가장 큰 이유가 됐다. 할 수 있다는 생각이 들자 심장을 짓누르던 커다란 바위가 사라진 느낌이었다. 그리고 마음이 편안해지고 스트레스가 많이 줄어든 상태에서 남은 논문 작업을 진행할 수 있었다.

글쓰기 마인드셋 요소 2: 회복력

작가라면 실패, 도전, 부정적인 평가, 퇴짜를 경험할 수밖에 없다. 글쓰기 프로젝트를 처음 시작할 때는 과연 끝까지 완수할 수 있을지 걱정한다. 프로젝트를 끝내고 나서는 과연 책으로 나올지 걱정한다. 출판에 한 번 성공한다고 해서 걱정이 사라지는 것은 아니다. 매번 새로운 책을 쓸 때마다 이 과정이 반복된다. 유명한 작가도 가혹한 평가를 받으며 후속작이 큰 실패로 끝나는 아픔을 경험한다. 대중의 사랑을 한 몸에 받는 전문가도 소셜미디어를 통해 쏟아지는 모욕적인 언사와 욕설을 피하지 못한다.

문제는 방해물이나 어려움에 직면하느냐 여부가 아니라, 그런 것을 직면할 때 어떻게 행동하느냐다. 일을 아주 잘하는 작가라면 상처를 어루만지는 데 많은 시간을 허비하지 않을 것이다. 그들은 즉시 작업실로 복귀한다. 물론 부정적인 리뷰나 실패가 아무렇지도 않다는 뜻은 아니다. 사실 내가 아는 작가들은 한 사람도 빠짐없이 매우 예민한 기질을 가졌지만, 빨리 마음을 추스르고 일상으로 돌아가려고 무진장 애를 쓴다. 여기서 작가들이 가장 많이 겪는 어려움에 대처하는 세 가지 방법을 소개할까 한다.

첫 번째, 나만 이런 일을 겪는 게 아니라는 점을 기억한다. 현재 당신이 작가로서 어떤 문제를 겪든 간에, 혼자만 이런 상황에 부닥치는 것이 아니다. 퇴짜를 맞거나 글길 막힘을 경험하거나 스스로 작가의 자질이 없는 건 아닌지 의구심이 들지 모른다. 이미 많은 사람이 이런 문제를 겪었고, 앞으로도 수많은 사람이 글을 쓰면서 같은 문제에 직면할 것이다. 특히 퇴짜를 맞아서 힘들 때, 나 말고 다른 사람들도 같은 경험을 했다는 점을 상기하면 큰 위로가 된다. 솔직히 말해서 글을 쓰느라 힘든 감정은 퇴짜를 맞는 데 비하면 아무것도 아니다. 그만큼 퇴짜는 감정적, 정신적으로 감당하기 어려운 충격이다. 피땀 흘려 완성한 글이 가차 없이 거절당하는 일을 한 번도 아니고 여러 번 당할 수 있는데, 사실 작가들은 누구나 그 일이 가장 견디기 힘들다고 말한다. 실제로 이 때문에 글쓰기를 포기하는 사람도 많다. 퇴짜를 당할 때는 아주 저명한 작가도 이런 일을 수없이 경험했다는 사실을 떠올리면서 힘을 내기 바란다.

두 번째, 자신의 글을 믿는다. 여러 유명 작가에게서 볼 수 있는 공통점은 자신의 글을 믿는다는 것이다. 그들은 어려움이 생겨도 포기하지 않고 계속 글을 썼다. 글이 퇴짜를 맞아도 다시 컴퓨터 앞에 앉았으며, 또다시 퇴짜를 맞을지 모른다는 두려움에 굴복하지 않았다. 이렇게 할 수 있던 이유는 자신이 쓴 글이 가치 있다고 믿었기 때문이다. 물론 당신이 쓴 글이 아무런 오류 없이 완벽하거나 당장이라도 출판할 준비가 됐다는 착각에 빠지라는 뜻은 아니다.

작가에게 필요한 믿음이란 자신의 글이 중요하다는 생각이다. 어떤 이는 석사 논문을 쓰고, 또 어떤 이는 이 세상 모든 사람이 읽어야 할 중요한 내용으로 칼럼을 쓸지 모른다. 그런가 하면 아무에게도 보여주지 않을 개인 회고록을 쓰는 사람도 있다. 다른 사람이 내 글을 어떻게 보느냐는 궁극적으로 중요한 문제가 아니다. 내 글이 내가 기대한 만큼 이 세상에 큰 영향을 주느냐도 중요하지 않다. 어차피 그것은 내 마음대로 통제할 수 있는 사항이 아니다. 가장 중요한 것은 어떤 어려움이 있어도 굴하지 않고 계속 몰두할 정도로 작업에 대해 깊이 확신하는 믿음이다.

세 번째, 내 글을 좋아하는 독자에게 집중한다. 두뇌는 위협이나 부정적인 정보에 초점을 맞추는 방향으로 진화했다. 그래서인지 작가도 자신을 응원해주는 사람보다 자신의 글을 비판하는 사람에게 더 신경을 쓰는데, 사실 그럴 필요가 없다. 내가 누구든 무슨 글을 쓰든, 대다수는 내 글을 좋아하지 않거나 아예 신경조차 쓰지 않을 것이다. 사실 이는 아주 단순한 논리다. SF 소설을 쓰는 사람은 역사 소설을 좋아하는 독자의 입맛에 맞는 글을 쓸 수 없다. 로

맨스물 작가는 애거사 크리스티처럼 추리소설 애호가가 열광할 작품을 내놓지 못한다. 또한 보수 성향의 블로거가 진보 성향이 있는 사람의 마음을 얻으려 애써봐도, 블로그의 구독자는 별로 증가하지 않을 것이다.

내 글을 싫어하는 사람의 마음을 돌려서 팬으로 만들겠다는 목표는 바람직하지 않다. 누군가 내 글을 좋아하지 않더라도, 그건 그 사람의 권리다. 그들의 비판이 더 좋은 글을 쓰는 데 도움이 되는 경우를 제외하고는, 아예 신경쓰지 않으면 된다. 부정적인 리뷰나 트위터에 올라온 불쾌한 글을 마음에 담아두는 것은 무의미하며 정신 건강에도 좋지 않다. 다시 말하지만, 나를 싫어하는 사람의 마음을 바꿔 나를 좋아하도록 만드는 일은 불가능하다. 그러니 내 글을 좋아할 사람들에게 집중하는 것을 목표로 삼도록 한다. 불필요한 걱정으로 두통에 시달리느니, 그들만 생각하면서 그들이 좋아할 만한 글을 쓰는 데 집중하는 게 훨씬 낫다.

글쓰기 마인드셋 요소 3: 커미트먼트

커미트먼트란 자신의 일에 관해 스스로에게 혹은 타인에게 하는 약속을 말한다. 글을 잘 쓰는 작가는 약속도 잘 지키는데, 글쓰기야말로 그들에게 가장 중요한 목표이자 야심 찬 비전을 추구하는 방법이기 때문이다. 진정으로 작가가 되고 싶다면 글을 계속 써야 한다. 열정이 있으면 실패를 겪거나 방해물을 만나도 굴하지 않고 버틸 힘이 생긴다.

커미트먼트의 1원칙은 자신이 기꺼이 지킬 수 있고 진심으로 원하는 약속만 정하는 것이다. 당연한 말이 아니냐고 하겠지만 현실에서는 생각보다 어려운 일이다. 무언가를 해야 한다는 것은 알지만 썩 내키지 않을 때는 그만큼 실행 의지가 약해지기 마련이다. 커미트먼트를 정하기 전에 자문해볼 내용은 간단하지만 매우 예리하다. 이것은 내가 정말 써보고 싶은 것인가? 이 프로젝트를 끝내는 데 필요한 희생을 기꺼이 감수할 것인가? 이 두 가지 질문에 "그렇다"라고 답할 수 없다면 아예 시작하지 않는 게 낫다. 설령 프로젝트를 끝까지 해내더라도 실제로 얻는 게 별로 없을 것이다. 오히려 '아까운 시간을 허비했네. 더 가치 있는 목표를 추구했더라면 좋았을 텐데'라는 아쉬움만 남을지 모른다.

커미트먼트를 정할 때 또 다른 유의점은, 인간에겐 감정과 의욕이 이성적 판단보다 앞서는 때가 있다는 사실이다. 어떤 프로젝트를 진행할지 잘 선택하는 능력도 필요하지만, 한 번 약속한 것을 지키는 능력도 키워야 한다. 마감일을 지키거나 목표를 달성하는 데 대한 책임감이 없는 사람은 글쓰기 계획도 아예 세우지 않았을 가능성이 크다. 계획이 없으니 어떤 일을 끝내야 한다는 사실을 직시할 기회가 없는 것이다. 사실 약속을 하지 않으면 약속을 못 지키는 불상사도 없다. 그렇지만 계획을 잘 세우고 주간 점검, 점수 매기기 등을 통해 글쓰기 과정을 잘 관리하면, 약속한 바를 끝까지 지켜낼 수 있다.

계획을 세우려면 커미트먼트를 명확히 정하고 그에 드는 '비용'도 감당해야 한다. 어떤 실행법을 진행하면서 소요 시간을 측정해보면 의사결정에 도움이 되는 정보를 얻는다. 이렇게 계획을 세우고 실행 과정을 관리하면, 정기적으로 프로젝트 진행 상황을 파악하며 현 상태를 유지하거나 더 발전하려는 동기부여를 얻을 수 있다. 매주 계획을 성실히 시행하면 긍정적 강화 효과가 축적된다. 작은 목표를 달성하는 만족감은 큰 힘이 되며 커미트먼트를 강화한다. 모런과 레닝턴의 《12주 프로그램The 12 Week Year》에는 이런 말이 나온다. "타인과의 약속을 지키면 신뢰를 얻고 사이가 돈독해진다. 자신에게 약속한 것을 지키면 자존감, 만족감, 성취감이 강화된다."[11]

글쓰기 마인드셋 요소 4: 책임감

생산적으로 글을 쓰는 작가는 자기 글에 대한 주인의식을 갖고 책임을 진다. 작가라고 해서 반드시 글을 쓸 의무는 없다. 아무도 글을 쓰라고 요구한 적도 없다. 그들은 스스로 원해서 글을 쓴다. 직업상 글을 써야 하는 상황이라도, 직업을 바꿀지 아니면 그대로 일할지 스스로 선택할 수 있다. 하루에 어느 정도의 분량을 쓸지 결정하는 것도 자신의 몫이다. 글을 잘 쓰는 사람은 날씨나 일과, 병치레, 다른 사람과 같은 핑계를 대는 법이 없으며, 스스로 책임지고 글쓰기를 마무리해낸다. 책임감을 받아들이는 것은 다음과 같은 세 가지 사항을 기꺼이 처리하려는 태도다.

- 글쓰기는 자신의 결정이며, 결과물에 대한 최종 책임과 권한이 자신에게 있음을 인정
- 언제, 어디에서, 어떤 방식으로, 얼마나 자주 글을 쓸 것인지 정하고 그에 대한 책임 수용
- 선택에 관련된 현실이 불편해도 감내/원하는 결과에 필요한 변화는 기꺼이 수용

책임을 인정하는 것은 무섭고 기운 빠지는 일이다. 특히 인생에

서 중요한 목표에 대한 책임을 져야 할 때면 실패하거나 망신당할지 모른다는 생각이 들고, 주변 사람들을 실망시키거나 나쁜 평가를 받을까 봐 두려움이 생긴다. 주변을 둘러보면 자신의 행동에 대해 책임지지 않으려고 발뺌하는 사람들을 자주 본다. 다행스럽게도 책임감도 훈련을 통해 향상된다. 시간을 두고 계획을 실천하면서 끝까지 해내려는 의지를 다져보자. 한 주의 성과를 솔직하게 인정하고 점검하면, 어느새 목표에 성큼 다가선다. 그러면 책임감이 커지고 끝까지 프로젝트를 실행했다는 사실에서 큰 만족감과 자부심을 느낄 수 있다.

글쓰기 마인드셋 요소 5: 성장

글을 잘 쓰는 작가들은 성장 마인드셋을 잘 수용하는 경향이 있다. 《마인드셋》의 저자 드웩에 따르면 이것은 "자신이 노력, 방법, 주변의 도움을 통해 기본 자질을 더욱 개발할 수 있다는 믿음"[12]이라고 정의할 수 있다. 성장 마인드셋에 대비되는 개념으로 '고정 마인드셋'이 있는데, 이는 지능, 창의성과 같은 기본 자질은 원래 정해진 것이며 세월이 지나도 더 나아질 수 없다는 개념이다. 성장 마인드셋을 가진 사람은 배움과 노력을 중시하며, 주변 사람에게 비판을 당하거나 실패를 경험해도 크게 개의치 않는다. 이에 반해 고정 마인드셋을 가진 사람은 자신의 가치를 증명해야 한다는 절박감을 가진다. 비판을 당할 때는 매우 방어적이며 자기 계발에 노력을 쏟지 않는다. 이 점에 관해 드웩은 이렇게 설명한다. "나의 연구는 사람들이 스스로에 대해 어떤 견해를 갖느냐에 따라 인생을 살아가는 방식이 크게 달라진다는 점을 증명했다."

드웩의 책이 발표되고 수십 년이 흘렀다. 그간 수많은 연구에서 성장 마인드셋을 받아들이는 사람이 도전을 추구할 가능성이 크고, 실패를 극복할 방법을 적극적으로 모색하며, 목표에 도달하기 위해 방법을 변경하는 데 거리낌이 없다는 점이 증명됐다. 하지만 고정 마인드셋을 가진 사람은 도전을 기피하며 목표 도달에 큰 노력을 기울이지 않는다. 그 결과, 전자는 성취도가 높고 행복감이나 만족감도 크다. 드웩은 이를 두고 "성장 마인드셋을 수용하는 사람은 자신이 하는 일을 사랑하며, 어려움이 닥쳐도 그 마음이 변치 않는다. … 또한 결과와 관계없이 자신이 하는 일을 가치 있게 여긴다"라고 설명한다.[13]

글쓰기를 고려할 때 중요한 점은, 자신이 성장 마인드셋과 고정 마인드셋 중 어느 쪽을 더 선호하는가다. 이에 대해 알아보기 위해 다음 질문에 '그렇다/아니다'라고 대답해보자.

- 나의 생산성 수준은 아주 기본적이며 내가 바꿀 수 없는가?

- 새로운 것을 배울 수 있지만, 나의 생산성을 바꾸기란 어려운가?

- 나의 현재 생산성과 상관없이 마음만 먹으면 생산성을 더 높일 수 있는가?

- 나의 생산성을 크게 바꾸는 일이 가능한가?

처음 두 문장은 고정 마인드셋과 관련한 것이고, 세 번째와 네 번째 문장은 성장 마인드셋과 관련한 것이다. 이 질문들로는 자신의 반응이 어느 마인드셋을 지향하는지 명확히 드러나지 않을지도 모른다. 하지만 드웩에 따르면 대부분의 사람이 둘 중 하나를 지향하는 경향을 드러낸다고 한다. 당신도 자신이 둘 중 어느 쪽에 가까운지 생각해보기 바란다.

성장 마인드셋의 가장 두드러진 이점은 작가로서 발전할 수 있는 발판이 생긴다는 것이다. 작가들이 자주 겪는 상황이나 문제점에 관해 각 마인드셋이 어떤 차이를 보일 수 있는지 살펴보자.

프로젝트 아이디어 실행이 어려울 때

- 고정 마인드셋: "어차피 안 될 일이니 일찌감치 잊어버리는 게 나아."

- 성장 마인드셋: "일단 초반의 몇 가지 요소를 실행할 방법부터 찾아보자."

스케줄에 따른 글쓰기가 어려울 때

- 고정 마인드셋: "나는 스케줄 활용에 소질이 없어. 뭘 해도 시간 내에 끝내지 못해."
- 성장 마인드셋: "계획을 잘하는 요령을 배우면 시간 내에 끝낼 수 있을 거야."

부정적 평가를 듣거나 퇴짜를 맞았을 때

- 고정 마인드셋: "내 글은 형편없어. 난 책을 낼 만한 실력이 없다고. 포기하자."
- 성장 마인드셋: "글을 더 잘 써야겠어. 여기서 배울 점을 찾으면 더 좋은 기회가 생길 거야."

새로운 문제에 직면했을 때

- 고정 마인드셋: "퇴짜 맞을까 봐 무서워. 그냥 확실히 할 수 있는 일에만 집중할래."
- 성장 마인드셋: "뭐가 됐든 일단 도전하자. 이것도 내가 성장할 좋은 기회니까."

생각보다 많은 사람이 고정 마인드셋이 지배적인 집안 분위기에서 유년기를 보낸다. 따라서 마인드셋을 조정하려면 시간이 걸릴 수밖에 없다. 하지만 시간과 노력을 들일 만한 가치가 있다. 성장 마인드셋을 수용하면 모든 고비가 배우고 성장할 기회가 된다. 실패하면 그 순간은 힘들지만 그 경험에서 새로운 지혜의 씨앗을 얻을 수 있다. 자신의 지적 능력, 글쓰기 재능, 업무 방식에 대해 걱정하는 것은 큰 의미가 없다. 성장 마인드셋은 글쓰기를 새로운 발견과 성장의 과정으로 보게 한다.

자신이 이미 성장 마인드셋 위주로 살고 있다면 정말 다행이다. 그렇다면 작가로서 이미 성공 가도에 있을 가능성이 있다. 성장 마인드셋은 지금보다 더 나은 결과를 낼 수 있다는 확신을 주는데, 이는 절대로 근거 없는 망상이 아니다. 새로운 도전을 받아들임과 동시에 이전에 시도하지 않았던 방법을 추구하면 작가로서 계속 발전할 것이다.

12주 프로그램을 잘 사용하면 이런 변화를 직접 경험할 수 있다. 세상 모든 일이 그렇지만, 글 쓰는 일도 하다 보면 반드시 실패를 경험하며 크고 작은 위기에 봉착하는데, 성장 마인드셋은 그런 실패와 위기에서 빠져나오기 위한 바람직한 해결책을 강구하는 데 도움이 된다.

설령, 자신이 고정 마인드셋이 강한 경우라도 너무 자책할 필요는 없다. 변화할 이유가 충분하다는 점만 인정한다면 충분하다. 변화할 이유를 느끼지 못하는 사람이 훨씬 많다는 것을 기억하자. 다행히도 드웩은 수년간의 연구 끝에 사람의 마인드셋은 바꿀 수 있다는 결론을 내렸다. 지금부터 바꾸려 노력하면 된다. 지금까지 살펴본 다른 요소가 달라질 수 있듯이, 꾸준히 연습하면 성장 마인드셋을 키울 수 있다.

사실, 당신이 지금 이 책을 읽는다는 사실이 바로 성장 마인드셋을 받아들일 준비가 됐다는 증거라 봐도 좋다.

"

4부

실전!
12주 프로그램

"

14장

프로그램 적용에 앞서

이제 당신만의 12주 프로그램을 실행할 준비가 모두 끝났다. 나처럼 당신도 아마 큰 기대감에 부풀었을 것이다. 이 책을 다 읽으면 당신의 인생이 한 차례 큰 도약을 경험할 것이다. 이 책에 소개한 도구는 내가 작가로서 성공적이고 생산적인 경력을 유지하는 데 큰 도움이 됐고, 결혼생활과 개인적인 삶의 질도 지켜줬다. 나는 20여 년간 수백 명이 12주 프로그램으로 글쓰기 경력이나 개인생활에서 놀라운 성과를 이루는 것을 지켜봤다. 당신도 같은 경험을 할 수 있다.

이제 글쓰기 비전을 만들고, 목표를 설정했으며, 주요 방법에 대한 브레인스토밍도 거쳤다. 12주 계획도 모두 준비됐다. 주간 계획, 일일 회의, 예시주간이 중요한 이유도 충분히 숙지한 상태다. 주간 모임이 책임감과 동기부여 측면에서 매우 중요한 요소라는 점도 안다. 계획을 실천하면서 점수를 매기고 결과가 좋든 나쁘든 배울 점을 찾아 성장할 기회로 삼겠다고 결심했다. 지금부터 본격적으로 글쓰기를 시작하면 된다. 마지막으로 응원, 격려와 더불어 세 가지를 당부한다.

마음의 여유를 잃지 말자. 큰 변화가 생기면 몇 주 동안 일에 집중할 수 없고, 주간 점검을 할 시간을 내기 어렵다. 계획을 전면적으로 수정할 필요가 생길 수도 있다. 이럴 때 조급해하지 말고 여유를 가져야 한다. 이 정도의 혼란은 정상적이다. 일이 꼬이고 더 어려워지는 것처럼 보이지만, 사실 그 단계만 지나면 훨씬 수월해질 것이다. 12주 프로그램이 익숙해지면 나중에는 생각을 깊이 하지 않고 자연스럽게 12주 프로그램의 모든 도구를 능숙하게 사용할 수 있다. 그때까지는 실수해도 '그럴 수도 있지'라고 생각하며 넘기면 된다. 최선을 다하며 매일 기대치에 더 가까이 가고 있음을 기억하자.

멈추지 말자. 30년간 글 쓰는 일을 하면서 깨달은 가장 중요한 진실은, 내가 쓰고자 한다면 누구도 나를 막을 수 없다는 것이다. 무조건 빨리 쓸 필요도 없고, 남들보다 더 명석해야 할 필요도 없다. 효율적, 생산적으로 일하는 것도 좋지만 반드시 그래야 하는 것은 아니다. 중요한 것은 목표를 정하고 그 방향을 향해 꾸준히 가는 것이다. 이러한 태도를 유지하면 언젠가 글을 마무리할 수 있다.

'나는 혼자가 아니'라고 생각하자. 작가라면 누구나 어떻게 해야 글을 완성할 수 있을지 고심한다. 요즘은 인터넷 덕분에 혼자 고민할 필요가 없다. 작가로서 계속 살아가고자 한다면 12주 프로그램을 쓰는 작가들의 모임에 가보면 어떨까? 실제로 이 프로그램을 쓰는 작가들의 모임이 계속 늘어나는 추세다. 서로의 고민에 귀를 기울이고 격려를 주고받으면 글을 성공적으로 끝맺는 데 큰 도움이 될 것이다.

15장

이 책을 완성한
12주 프로그램 기록

눈치 빠른 이라면 내가 15장을 따로 마련한 이유를 짐작할 것이다. 적어도 세 가지 이유가 있는데, 첫 번째는 이 프로그램이 효과적이라는 것을 증명하고 싶기 때문이다. 나는 친구이자 《12주 프로그램》의 공동 저자인 레닝턴과 함께 이 책에 대한 아이디어를 냈다. 우리는 함께 12주 계획을 만들고 실천하면서, 12주 프로그램의 도구에 따라 계획 진행 과정을 관리했다. 처음에는 막연한 아이디어에 불과했지만, 11개월 만에 4개의 12주 계획을 통해 초고를 완성하고 수정 작업까지 마칠 수 있었다.

두 번째 이유는 글쓰기와 생산성을 다루는 기존 책들이 너무 실망스럽기 때문이다. 이론은 그럴듯해 보이지만 현실적으로 실행 가능성이 있는지 상당히 의문스럽다. 이런 생각을 해봤다면 15장을 정독해 속 시원한 답을 얻기 바란다.

마지막으로, 무엇보다 중요한 이유는 독자에게 영감과 확신을 주기 위해서다. 나도 보통 사람처럼 주의가 쉽게 흐트러지며 계속 스케줄을 확인하면서 할 일을 처리하느라 바쁘게 생활한다. 이 프로그램을 사용한 지 20년도 넘었지만, 여전히 마감 기한을 넘기거나 몇 가지 실행법을 잘 구사하지 못하며 계획한 대로 모든 도구를 제대로 사용하지는 못한다. 그렇지만 바쁜 스케줄에도 불구하고 비교적 단기간에 이 책을 완성했다. 12주 프로그램이 있었기에 가능한 일이었다. 작가는 반드시 완벽하지 않아도 된다. 그저 12주 프로그램을 따라가기만 하면 된다. 중간에 실패하거나 스케줄에 뒤처질 때도 포기하지 않고 꾸준히 말이다.

이제부터는 이 책을 쓸 때 12주 프로그램을 어떻게 사용했는지 간단히 설명하고자 한다. 나는 12주 계획을 총 네 번 실행했다. 계획의 시작 부분에는 전체 프로젝트에 관한 배경과 정황 등을 짧게 쓰고, 계획상 기간에 관련된 주요 사항이나 발생 가능한 문제점도 넣었다. 물론 12주 계획마다 목표, 실행법, 마감일도 빠트리지 않았다. 주간 점수표의 경우, 유독 점수가 낮은 경우에는 이유도 함께 기재했다.

1차: 2020.5.18~8.9

오래전부터 글쓰기에 관한 책을 쓰고 싶었지만, 모런과 레닝턴을 공동 저자로 삼을 생각은 하지 못했다. 그러다 2020년 초반에 레닝턴과 다른 일로 연락하면서 본격적인 구상을 하게 됐다. 4월부터 레닝턴과 연락을 주고받았고, 5월부터 이 책을 쓰는 작업을 위주로 나의 12주 계획을 변경했다.

코로나19로 인한 팬데믹 상황으로 외출이 힘든데도, 나는 여름 스케줄이 이미 꽉 차 있었다. 다행히도 스케줄은 유연했다. 일주일에 이틀 정도는 책을 읽고 노트를 정리하고 글쓰기에 매진할 수 있었다. 레닝턴도 여름 내내 바쁘긴 했지만 매주 이 프로젝트를 위해 주간 모임에 참석할 시간을 내줬다. 우리는 머리를 맞대고 아이디어를 논의하고 브레인스토밍하며 프로젝트를 차근차근 진행했다.

처음 12주 목표는 프로젝트를 다루는 요령을 익히고, 《12주 프로그램》이라는 책을 어떻게 활용할지 정한 다음, 글쓰기와 생산성을 깊이 있게 조사하는 것이었다.

주요 선행/후행 지표는 매주 쓰는 단어 수, 완성하는 장의 개수로 정하기로 했다. 장을 쓰는 것이 12주 계획의 주요 목표였으므로 후행 지표를 설정하는 일은 매우 간단했다. 이에 비해 선행 지표는 조금 까다로웠다. 매주 상황이 달라서 목표로 하는 단어 수를 매번 다르게 설정해야 할 것 같았기 때문이다. 실제로 어떤 주는 자료를 읽고 노트를 정리하는 데 긴 시간을 보냈고, 어떤 주는 각 장의 초안을 완성하느라 상당히 많은 분량의 글을 썼다. 그런 상황에서도 글쓰기 감각을 유지하기 위해 매주 일정량의 글을 쓰는 것을 목표로 정했다. 그렇게 설정한 선행 지표의 주간 목표량은 1000단어였다. 책의 특정 부분을 쓸 때도 있었고, 책 수록이 아직 결정되지 않은 아이디어나 메모를 작성할 때도 있었다. 어쨌든 이 방법은 꽤 효과적이어서, 12주 계획을 세 차례 반복하는 동안 주당 1000단어 쓰기를 계속 실천했다.

예전에 필기해둔 노트와 12주 프로그램에 관한 자료를 다시 읽어본 후에 1~2장을 빠르게 썼다. 이렇게 하는 데 약 한 달이 걸렸다. 휴가도 있었고 다른 프로젝트도 관리해야 했으며 그 밖의 여러 가지 예상치 못한 일 때문에 종종 글쓰기 속도가 느려지긴 했지만, 그래도 자료를 읽거나 조사할 시간은 충분했다. 7월 말에 4장까지 끝내고 해변으로 휴가를 떠날 계획이었지만 12주는 물론이고 거기서 하루가 더 지난 후에야 4장을 끝낼 수 있었다. 이렇게 첫 계획의 실행은 실수투성이였지만, 아쉬움보다는 8월부터 두 번째 12주 계획을 시작한다는 기대감이 훨씬 더 컸다.

1차 계획 목표

목표 1: 프로젝트의 범위 확정/목차 초안 작성

실행법	책임자	기한
책 개요 논의	나/레닝턴	1~3주 차
《12주 프로그램》과의 연계 관련 논의	나/레닝턴	1~3주 차
목차 초안 작성	나	1~3주 차
목차 검토/확정	나/레닝턴	4주 차

목표 2: 《12주 프로그램》 및 글쓰기 관련 수집 자료 다시 읽기

실행법	책임자	기한
《12주 프로그램》 다시 읽기	나	1~2주 차
글쓰기 관련 주요 저작물 선정	나	1~2주 차
글쓰기 과정 관련 기존 필기 읽기	나	1~2주 차
자료 읽기 후 주요 사항 따로 필기	나	1~8주 차

목표 3: 1~4장 초안 완성

실행법	책임자	기한
1장 관련 자료 수집/정독 후 필기	나	2주 차
1장 개요 작성	나	2주 차
1장 쓰기	나	3주 차
2장 관련 자료 수집/정독 후 필기	나	4주 차
2장 개요 작성	나	4주 차
2장 쓰기	나	4주 차
3장 관련 자료 수집/정독 후 필기	나	8주 차
3장 개요 작성	나	8주 차
3장 쓰기	나	9주 차
4장 관련 자료 수집/정독 후 필기	나	10주 차
4장 개요 작성	나	10주 차
4장 쓰기	나	11주 차

목표 4: 1~4장 초안 검토/논의

실행법	책임자	기한
1장 검토/논의	나/레닝턴	4주 차
2장 검토/논의	나/레닝턴	5주 차
3장 검토/논의	나/레닝턴	10주 차
4장 검토/논의	나/레닝턴	12주 차

책임자 칸에 나와 레닝턴의 이름이 둘 다 표시된 곳이 있는데, 이때는 우리가 각자의 개별적 계획에 동일한 실행법을 사용한 경우다. 12장에서 언급했듯이 각 실행법마다 한 명의 담당자를 배정해야 하지만, '자료 검토 및 팀 전체와 토론'과 같은 실행법은 예외로 볼 수 있다. 모든 팀원이 자료를 검토하고 잘 준비된 상태로 모임에 와야 하기 때문이다. 이런 실행법은 모든 사람이 제 역할을 해야만 성공적으로 끝낼 수 있다.

1차 주간 계획(1주 차)

• 전략 블록: 월 오전 9~오후 12시/화 오전 9~오후 12시, 오후 1~4시/수 오전 9~오후 12시, 오후 1~4시

실행법	요일
《12주 프로그램》 다시 읽기	월요일 오전
책 개요 레닝턴과 논의	화요일 오후
《12주 프로그램》과의 연계 관련 레닝턴과 논의	화요일 오후
목차 초안 작성	화요일 오후
글쓰기 관련 필기 내용 검토	수요일 오전
추가 자료 수집/정독 후 필기	수요일 오전/오후

팬데믹 기간에는 매주 스케줄을 예측하는 게 비교적 쉬웠다. 휴가나 가족 방문 때를 제외하고는 항상 앞의 주간 스케줄을 적용했다.

1차 주간 점수표

100점=(완료 실행법 6개÷예정 실행법 6개)×100

		1주	2주	3주	4주	5주	6주	7주	8주	9주	10주	11주	12주
주간 점수		100	100	100	100	100	100	100	100	100	100	0	0
주간 점수 평균		100	100	100	100	100	100	100	100	100	100	91	83
지표	실제 쓴 단어 수	1450	1200	2000	2100	900	1700	950	1200	1100	1800	0	1100
	목표 단어 수	1000	1000	1000	1000	1000	1000	1000	1000	1000	1000	1000	1000
	실제 쓴 장 수	0	0	1	2	2	2	2	2	3	3	3	3
	목표 장 수	0	0	1	2	2	2	2	2	3	3	3	4

마지막 2주간의 점수가 낮긴 하지만 11주 차에는 4장을 끝내는 실행법 하나만 남았고, 12주 차에는 11주 차에 끝내지 못한 4장 마무리하기와 4장 논의하기 등 두 개의 실행법이 예정됐다. 12주 계획 전반으로 보면 40개의 실행법 중 37개를 실시했으므로 실천율은 93퍼센트였다. 이 예시를 통해 점수가 낮다고 자책할 것이 아니라, 전체적인 점수를 고려하는 일이 더 중요하다는 점을 알 수 있다.

2차: 2020.8.31~11.22

앞서 시행한 프로그램의 13주 차가 끝나고 새로운 12주 계획을 시작하기까지는 2주의 공백이 있었다. 이유는 간단하다. 8월의 후반부에는 가을학기를 준비해야 했기 때문이다. 이 시기에는 교수진 모임도 잦고 대학원생 논문을 검토해줘야 하는 데다 강의 자료도 다시 점검하는 등 할 일이 정말 많다. 이렇게 정신없이 바쁜 주간에는 글쓰기에 관한 어떤 활동도 계획하지 않는 게 낫다.

레닝턴과 협업하면서 책의 대략적인 모습은 그렸으니, 이제 12주 계획의 목표는 3개의 장을 더 쓰는 것으로 정했다. 이때부터 가장 힘든 점은 프로젝트에 투자할 시간이 빠듯하다는 사실이다. 대학원 강의를 진행하고 학교 업무나 다른 글쓰기 프로젝트를 병행해야 하는 상황이라서 가을학기에는 수요일에만 책 쓰기에 몰두할 수 있었다. 하지만 워낙 오랫동안 꿈꾸던 작업이라서 그런지, 시간이 많이 부족한 와중에도 가을학기 동안 상당한 진전을 이루었다. 나는 시간을 쪼개 자료를 읽고 모든 방법을 동원해서 글쓰기에 한두 시간을 더 투자했다.

매주 레닝턴과 주간 모임을 한 덕분에 프로젝트에 대한 열정을 유지했고, 프로젝트를 풍성하게 만들 다양한 방법을 모색했다. 한 가지 예를 들자면, 우리는 초가을에 둘 다 비슷한 고민을 털어놓았는데, 바로 이 책을 쓰면서 동시에 다른 프로젝트를 병행하기가 힘들다는 것이었다. 그 일을 계기로 우리는 여러 프로젝트를 동시에 진행하는 문제를 별도의 장에서 다루기로 했다. 화상 회의로 모임을 마무리할 즈음에 머릿속에 개요가 이미 완성됐다. 11월 초에 가족 모두가 코로나19에 확진되는 사태가 벌어졌지만, 다행히 그때는 스케줄보다 앞서 있었다. 12주 계획까지 한 달이이 남았는데 이미 4개 장을 완성한 상태였다. 몸이 회복되자 금방 추수감사절이 찾아왔다. 그래서 12주 프로그램이 끝날 때까지 한동안 글을 하나도 못 썼지만, 스케줄보다 앞서간 덕분에 큰 문제가 되지 않았다.

2차 계획 목표

목표 1: 5~7장 초안 완성

실행법	책임자	기한
5장 관련 자료 수집/정독 후 필기	나	1~2주 차
5장 개요 작성	나	2주 차
5장 쓰기	나	3~4주 차
6장 관련 자료 수집/정독 후 필기	나	5~6주 차
6장 개요 작성	나	6~7주 차
6장 쓰기	나	7~8주 차
7장 관련 자료 수집/정독 후 필기	나	9~10주 차
7장 개요 작성	나	10주 차
7장 쓰기	나	11~12주 차

목표 2: 5~7장 초안 검토/논의

실행법	책임자	기한
5장 검토/논의	나/레닝턴	4주 차
6장 검토/논의	나/레닝턴	8주 차
7장 검토/논의	나/레닝턴	12주 차

목표 3: 출판사에 제안서 투고

실행법	책임자	기한
출판사에 사전 문의	레닝턴	7주 차
출판사의 제안서 가이드라인/관련 자료 정독	나	9주 차
《12주 프로그램》 제안서 원본 정독	나	9주 차
제안서 초안 작성	나	9주 차
제안서 초안 검토/수정	나/레닝턴	10~11주 차
제안서 투고	나	12주 차

2차 주간 계획(9주 차)

- 전략 블록: 수 오전 9~오후 12시, 오후 1~4시
- 주간 모임: 목 오후 2~3시

실행법	책임자	기한
출판사의 제안서 가이드라인/관련 자료 정독	나	수요일 오전
《12주 프로그램》 제안서 원본 정독	나	수요일 오전
제안서 초안 작성	나	수요일 오전
7장 관련 자료 수집/정독 후 필기	나	수요일 오후

나는 하나의 블록에서 한 가지 일을 처리할 때 가장 효율이 높다. 이번 주간 계획에서는, 오후에 책을 쓰는 데 오롯이 집중하려고

제안서 쓰는 작업을 오전에 배정했다.

2차 주간 점수표

100점=(완료 실행법 4개÷예정 실행법 4개)×100

		1주	2주	3주	4주	5주	6주	7주	8주	9주	10주	11주	12주
주간 점수		100	100	100	100	100	100	100	100	100	100	50	33
주간 점수 평균		100	100	100	100	100	100	100	100	100	100	95	90
지표	실제 쓴 단어 수	1350	1900	2500	1600	900	900	4500	2500	2650	5000	0	0
	목표 단어 수	1000	1000	1000	1000	1000	1000	1000	1000	1000	1000	1000	1000
	실제 쓴 장수	0	0	1	1	1	1	2	2	2	4	4	4
	목표 장수	0	0	0	1	1	1	1	2	2	2	2	3

이 무렵에는 주간 계획이 끝날 때마다 약간 무기력한 느낌이 들었다. 12주 프로그램의 상당 부분을 스케줄보다 빨리 진행했지만, 후반부에 코로나19 확진으로 연말에 꼬박 2주간 글쓰기 작업을 전혀 진행하지 못했다.

3차: 2020~11.30~2021.2.21

내가 근무하는 학교는 가을학기가 끝나고 이듬해 봄학기가 시작하기까지 겨울방학이 꽤 길다. 교수라면 누구나 그렇겠지만, 나는 그 5~6주에 중요한 글쓰기 업무를 처리한다. 봄학기가 되면 강의 스케줄이 조금 가벼워진다. 그 점을 고려해서 이번 12주 계획의 글쓰기 목표는 좀 더 높게 설정했다. 총 6개의 장을 완성하는 것을 목표로 잡았는데, 이는 매달 2개 장을 완성해야 한다는 뜻이다. 또한, 마지막 주까지 책의 전체 초안을 끝내야 했다.

초반에는 글쓰기 속도를 높여서 하루 만에 9장을 완성했다. 사실 8장을 쓴 지 거의 한 달이 지나 9장을 빠르게 마무리하고 나니 기분이 매우 좋았다. 6주 차까지 10장과 11장을 마무리했지만, 봄학기를 2주 앞두고 글길 막힘을 겪었다.

글길 막힘이 생기면 집중력이 흐트러진다. 글쓰기를 계획대로 진행하지 못하고 다른 프로젝트에 신경을 쓰다 보니, 어쩌다가 시간이 나면 그제야 글을 조금씩 쓰는 상황이 되고 말았다. 며칠 후에야 내가 몹시 지친 상태임을 깨달았다. 글을 쓰는 일은 고도의 집중력과 에너지가 소모되며 강한 의지가 뒷받침되어야 한다. 글쓰기에 한창 몰두하다 보면 너무 지쳐서 쉬지 않을 수 없다. 나는 팬데믹 중에도 긴 가을학기를 감당하느라 에너지를 많이 소모했고, 이 책을 쓰면서 동시에 여러 가지 다른 일을 병행했다. 이를테면 멀리 사는 가족을 방문하는 일은 즐겁긴 하지만 체력 소모가 큰 활동이었다. 그래서 평소보다 기력을 회복하는 데 더 오랜 시간이 필요했다. 결국 에너지가 회복될 때까지 이른바 '퍼터링puttering'을 하기로 했다. 나는 하루치 에너지를 모두 사용한 것처럼 머리가 더는 돌아가지 않을 때 계획을 고집하지 않고 비선형 방식으로 일을 처리하는데, 이를 퍼터링이라고 부른다. 이럴 때는 창의력이나 두뇌 활동을 크게 요하지 않는 작업에 몰두하는 게 좋다.

퍼터링의 핵심은 쉽게 할 수 있을 듯한 일부터 처리하는 것이다. 글을 쓸 준비가 되지 않았다면 글에 주석을 달거나 관련 웹사이트 검색을 한다. 이런 단순한 기계적 작업은 음악을 들으면서도 할 수 있다. 뭔가 작업하는 것 자체가 부담스럽다면 편한 마음으로 읽을거리를 펼쳐보아도 좋다. 유독 영감이 떠오르지 않는 날에는 최근에 과제와 무관하게 관심을 둔 주제에 대해 검색하는 등 호기심을 자극하는 활동을 해도 된다.

퍼터링에는 적어도 두 가지 이점이 있다. 첫 번째, 계획대로 실천할 것을 강요하지 않고 두뇌가 원하는 작업을 하게 내버려두니, 큰 힘을 들이지 않고도 상당히 많은 일을 처리할 수 있다. 물론 두뇌는 충분히 쉬면서 다음 날 다시 글쓰기에 집중할 힘을 얻는다. 두 번째, 글쓰기 목표와 프로젝트의 압박에서 잠시 벗어나 다른 관심사를 살펴보며 새로운 의욕을 얻는다. 이렇게 다시 채운 에너지는 일을 처리할 때 훌륭한 기회를 얻어내는 원천이 된다.

이 패턴을 깨달은 후로는 일부러 쉬는 시간을 따로 계획에 넣었다. 그래서 버퍼 블록이 등장한 것이다. 작업을 하는 시간에는 버퍼 블록을 넣지 않고 주말에 쉴 시간을 찾는다. 하지만 일과가 끝나기도 전에 벽에 부딪힌 느낌이 들거나, 몇 주 또는 몇 달간 너무 힘들게 일해서 1~3일 정도 쉬어야겠다는 생각이 들면 주저 없이 일을 내려놓는다. 이제는 쉬더라도 걱정이 되거나 불안하지 않다. 이렇게 하면 두뇌가 재충전되고 다시 일에 집중할 수 있기 때문이다.

물론 이 책을 쓰는 건 내게 정말 신나는 일이었지만, 사실 오랫동안 긴장을 풀 시간을 전혀 갖지 못한 상태였다. 그래서 일부러 한 주 내내 글을 전혀 쓰지 않고 퍼터링 시간을 가졌고, 몸 상태는 열흘 만에 크게 회복됐다. 퍼터링을 즐긴 후에 마지막 3개 장을 수정해 예정보다 일주일이나 빨리 원고 전체를 마무리했다.

3차 계획 목표

목표 1: 9~14장 초안 완성

실행법	책임자	기한
9장 관련 자료 수집/정독 후 필기	나	-
9장 개요 작성	나	-
9장 쓰기	나	1주차
10장 관련 자료 수집/정독 후 필기	나	2주차
10장 개요 작성	나	2주차
10장 쓰기	나	2~3주차
11장 관련 자료 수집/정독 후 필기	나	5주차
11장 개요 작성	나	5주차
11장 쓰기	나	5~6주차

12장 관련 자료 수집/정독 후 필기	나	7주 차
12장 개요 작성	나	7주 차
12장 쓰기	나	7~8주 차
13장 관련 자료 수집/정독 후 필기	나	9주 차
13장 개요 작성	나	9주 차
13장 쓰기	나	9~10주 차
14장 관련 자료 수집/정독 후 필기	나	11주 차
14장 개요 작성	나	11주 차
14장 쓰기	나	12주 차

• 12주 계획은 3차가 끝나기 전 완료.

목표 2: 9~14장 초안 검토/논의

실행법	책임자	기한
9장 검토/논의	나/레닝턴	1주 차
10장 검토/논의	나/레닝턴	3주 차
11장 검토/논의	나/레닝턴	6주 차
12장 검토/논의	나/레닝턴	8주 차
13장 검토/논의	나/레닝턴	10주 차
14장 검토/논의	나/레닝턴	12주 차

목표 3: 홍보/마케팅 전략 논의

실행법	책임자	기한
마케팅 전략 마인드매핑	나/레닝턴	1~3주 차
책 마케팅 관련 조사	나/레닝턴	1~8주 차
브레인스토밍	나/레닝턴	9주 차
우수 전략 세 가지 선정	나/레닝턴	10주 차

목표 4: 원고 초안 리뷰 의뢰

실행법	책임자	기한
리뷰어 후보 명단 작성	나	11주 차
리뷰 요청서 작성	나	11주 차
리뷰 요청	나	12주 차

3차 주간 계획(10주 차)

- 전략 블록: 화 오전 9~오후 12시, 오후 1~4시
- 주간 모임: 화 오후 2~3시

실행법	책임자	요일
13장 쓰기	나	화요일 오전
13장 검토/논의	나/레닝턴	목요일 오후
우수 전략 세 가지 선정	나/레닝턴	목요일 오후

이번 학기에 강의 스케줄이 월요일과 수요일로 변경되어서 전략 블록을 화요일로 옮겼다. 이렇게 해서 좋았던 점은 글쓰기 요일이 주간 모임보다 빨랐다는 것이다. 덕분에 레닝턴과 나는 머릿속에 새로운 초안이 생생하게 남은 상태에서 원고에 대해 논의할 수 있었다.

3차 주간 점수표

100점=(완료 실행법 4개÷예정 실행법 4개)×100

		1주	2주	3주	4주	5주	6주	7주	8주	9주	10주	11주	12주
주간 점수		75	100	50	-	75	100	100	67	80	100	100	100
주간 점수 평균		75	88	75		75	82	85	82	82	84	86	87
지표	실제 쓴 단어 수	2500	1800	900	2800	1900	2700	3500	2800	3500	3000	2800	2200
	목표 단어 수	1000	1000	1000	1000	1000	1000	1000	1000	1000	1000	1000	1000
	실제 쓴 장 수	1	1	1	2	2	3	3	4	5	5	6	6
	목표 장 수	1	1	2	2	2	3	3	4	4	5	5	6

초반에는 몇 가지 어려움이 있었지만 이렇게 12주 프로그램을 성공적으로 마무리했다. 휴가, 학기 종료, 그 외 다른 여러 문제로 인해 나와 레닝턴은 글쓰기와 무관한 실행법을 다 이행하지 못할 때도 있었고, 나는 1개 장을 예정보다 일주일 넘겨서야 완성할 수 있었다. 대신 후반부에 속도를 높여서 마지막 장은 스케줄보다 한 주 앞당겨 마무리했다.

4차: 2021.3.1~5.23

이 책을 쓰는 프로젝트에서 마지막 12주 계획은 출간 전 원고를 평가해주는 15명의 독자에게 리뷰를 받은 다음, 그에 따라 원고를 수정하는 데 주안점을 두었다. 다행히도 리뷰를 잊지 말고 보내달라는 이메일에 모두 친절히 응했다. 최종 원고를 확정해 출판사에 투고하는 것도 이 기간의 목표였다.

수정 작업은 5단계로 계획했다. 첫 번째, 가능한 다양한 독자에게 피드백을 얻고자 했다. 그 기간엔 자연스럽게 휴식을 취했고, 원고를 새롭게 검토할 수 있었다. 두 번째, 들어온 피드백은 모두 읽고 목록화했다. 세 번째, 글을 처음부터 다시 읽으면서 수정할 부분을 표시했다. 네 번째, 피드백 목록에서 도움이 될 만한 내용을 추려 수정 사항의 최종 목록을 확정했다. 다섯 번째, 목록 중 수정 사항을 레닝턴과 내 아내에게 보여주고 의견을 구했다.

피드백의 내용은 굉장히 다양했지만 크게 두 가지 내용으로 압축됐다. 먼저, 12주 프로그램이 무엇이고 어떻게 운영되는지를 더 명확하게 설명했으면 좋겠다고 했다. 그렇게 2장을 추가했다. 두 번째는, 15장의 내용이 너무 길고 12주 프로그램을 실제로 어떻게 진행했는지 파악하기 어렵다고 했다. 원래 15장은 시간순으로 전개되는 형식으로 구성했는데, 지금의 방식으로 수정했다. 수정 후엔 원고를 처음부터 끝까지 다시 읽으며 최종 교정을 봤다. 그리고 출판사에 투고하는 것으로 모든 작업이 끝났다.

4차 계획 목표

목표 1: 초안 리뷰 확보

실행법	책임자	기한
리뷰어에게 확인 메일 송부	나	1~4주 차

목표 2: 원고 수정

실행법	책임자	기한
리뷰 읽기	나	1~4주 차
리뷰 목록화	나	1~4주 차
초안 다시 읽기	나	1주 차
수정 사항 목록화	나	1주 차
수정 사항 최종 목록 확정	나	4주 차
수정 사항 반영	나	2~8주 차
추가할 2장 쓰기	나/레닝턴	4~5주 차
15장 수정	나/레닝턴	6~7주 차

목표 3: 출판사에 원고 투고

실행법	책임자	기한
원고 최종 수정	나	8~9주 차
원고 형식 편집	나	9주 차
출판사 투고	나	9주 차

4차 주간 계획(4주 차)

- 전략 블록: 화 오전 9~오후 12시, 오후 1~4시
- 주간 모임: 목 오후 2~3시

실행법	책임자	요일
리뷰어에게 확인 메일 송부	나	화요일 오전
리뷰 읽기	나	화요일 오전
리뷰 목록화(계속)	나	화요일 오전
수정 사항 최종 목표 확정(수정 방법 결정)	나/레닝턴	화요일 오전/오후, 목요일 오후

주간 계획이 전체 상황을 보여주지 않을 때도 있다. 무엇을 수정하고 어떻게 수정할지 정하기 위해, 다른 책의 경우 문제를 어떻게 다루는지 조사하느라 꽤 오랜 시간을 썼다. 내가 뭘 찾아야 할지 정확히 알 수 없을 때도 있었다. 하지만 새로 추가하는 2장과 관련해서는, 초반부에서 어떤 시스템을 일목요연하게 소개해주는 책을 찾아보고 싶었다. 다행히 내가 원했던 책을 찾았고 4주 차 화요일 내내 그 책을 읽고 참고할 만한 점을 정리했다.

4차 주간 점수표

100점=(완료 실행법 4개÷ 예정 실행법 4개)×100

		1주	2주	3주	4주	5주	6주	7주	8주	9주	10주	11주	12주
	주간 점수	100	100	100	100	100	100	100	100	100	100	100	100
	주간 점수 평균	100	100	100	100	100	100	100	100	100	100	100	100
지표	실제 쓴 단어 수	-	-	-	-	-	-	-	-	-	-	-	-
	목표 단어 수	-	-	-	-	-	-	-	-	-	-	-	-
	실제 쓴 장 수	-	-	-	-	-	-	-	-	-	-	-	-
	목표 장 수	-	-	-	-	-	-	-	-	-	-	-	-

이번에는 수정 작업만 했으므로 '수정하기' 실행법 외에 단어 수나 장 완성에는 점수를 매기지 않았다. '새로운 2장 작업 끝내기'와 '15장 수정 끝내기'는 별도의 실행법으로 추가했다. 수정 과정에서 다른 부분과 독립적으로 다룰 만큼 큰 작업이었기 때문이다.

16장

사람들이
가장 많이 묻는 질문

12주 프로그램을 다른 생산성 프로그램과 같이 사용해도 될까? 물론 된다. 12주 프로그램은 주간 계획을 통해 가장 중요한 실행법을 매주 시행하도록 해준다. 하지만 사실 이러한 실행법을 실천하는 과정은 쉽지 않다. 계획에 없던 일로 목표를 달성하는 과정에 차질이 생기거나, 다른 급한 일을 처리하는 데 에너지를 모두 뺏겨서 계획이 늦어지기도 한다. 이때 경영 컨설턴트 데이비드 앨런의 시간 관리 시스템 'GTD' 등 주의 집중을 돕는 다른 도구를 쓰는 것은 주간 실행법을 꾸준히 시행하는 데 도움이 된다.

12주가 아닌 기간에도 12주 프로그램을 사용할 수 있을까? 가능하다. 12주가 아닌 기간에 12주 프로그램을 적용하는 사례는 얼마든지 찾아볼 수 있다. 나는 1년 치 달력을 3개의 12주 프로그램으로 나눠 쓰는데, 학사일정에 맞춰서 가을/봄/여름학기로 구분한다. 이렇게 하면 16주 단위로 하나의 12주 계획이 배치된다. 하지만 시험주간, 휴가 등으로 인해 빠지는 날이 많아서 12주 프로그램을 그대로 사용해도 무리가 없다.

반대로 훨씬 짧은 기간에 12주 계획을 맞춰 넣어야 할 때도 있을 것이다. 어떤 책을 다 읽어야 하는데 연말까지 두 달밖에 시간이 없다면, 8주 계획을 만드는 게 좋다. 그러면 1월 1일에 12주 계획을 깔끔하게 새로 시작할 수 있다. 다시 강조하지만, 12주 프로그램을 사용하는 것은 목표를 달성하기 위해 더 중요한 일에 집중하기 위해서다.

12주 프로그램이 창의적 글쓰기에도 맞을까? 창의성에 대해 잘못된 상식을 가진 사람이 많다. 창의적 결과는 보이지 않는 뮤즈에게 달려 있으니, 스케줄을 짜서 창의적 작업을 한다는 것은 말이 안 된다고 생각하는 식이다. 메이슨 커리의 《리추얼 Daily Rituals》은 이런 생각이 그릇됐음을 보여준다. 세계적으로 유명한 예술가, 작가, 크리에이터가 어떤 습관을 지니는지 조사해보니, 이들은 루틴을 따르는 것을 매우 중시했다. 어느 날 갑자기 뮤즈가 찾아와주기만을 기다리는 게 아니라, 하루도 빠지지 않고 글을 쓰거나 그림을 그러거나 무용 연습을 하는 것이다. 프랑스 작가 플로베르는 이렇게 말했다 "평소에 한결같은 모습을 유지하고 정돈을 잘해야만 일도 열정적, 창의적으로 할 수 있다."

사실 규율과 짜임새가 없으면 제아무리 위대한 혁신이나 예술적 표현이라도 관객의 마음에 닿을 수 없다. 모든 작가는 계획, 창의적 사고, 글쓰기, 편집, 마무리 작업에 시간을 투자해야 한다. 이 모든 활동이 모여서 성공적인 12주 계획이 완성된다. 계획을 짜지 않으면 원하는 만큼 창의성을 충분히 발휘할 시간을 내기 어렵다.

12주 계획 세우기가 처음이라 너무 힘들면 어떻게 할까? 천천히 시작하되 단순하게 계획을 세우면 된다. 우선, 진행 상황만 나타내는 목표를 선택한다. 자신의 능력에 비해 너무 무모한 목표를 세우거나 최소한의 심리적 안정을 벗어나는 무리한 시도는 하지 않는게 낫다. 일단 시작해서 계획을 진행하는 일이 가장 중요하다.

두 번째, 글쓰기 프로젝트를 작은 프로젝트로 세분화한다. 그러면 부담스러운 느낌 없이 손쉽게 작은 프로젝트를 하나하나 끝낼수 있다. '책 한 권 완성하기'와 같은 대형 프로젝트는 부담스럽지만 '기사에 주석 달기', '1장 개요 만들기', '2장의 첫 부분 초안 쓰기'는 한결 압박감이 덜 할 것이다. 이러한 목표 청크 중에서 어느 것을 제일 먼저 할지 걱정할 필요는 없다. 일단 시작하기만 하면 걱정이 눈

녹듯 사라지고 편안한 마음으로 차근차근 계획을 실행할 수 있다.

계획을 짤 때, 각각의 목표 달성을 위해 시도할 수 있는 모든 방법을 고려할 필요는 없다. 그보다는 목표 달성의 가능성을 높이는 몇 가지 실행법을 선택해야 한다. 반드시 가장 좋은 실행법을 선택해야 하는 것도 아니다. 필요하면 언제든 바꿀 수 있기 때문이다. 다시 말하지만, '옳은' 선택을 하기보다 지금 바로 시작하기가 더 중요하다.

끝으로 현재에 집중하고 미래에 대해 지나치게 걱정하지 않는게 좋다. 프로젝트를 모두 끝내는 데 시간과 노력이 얼마나 들지 생각하면 걱정이 커질 수밖에 없다. 그러니 주간 계획만 생각하면서 오늘 당장 해야 할 일에 집중한다. 다음 주에 할 일은 다음 주에 걱정하면 된다. 에너지를 잘 유지하면서 미래에 대한 걱정에 압도되지 않으려면, 매일 그리고 매주 진행 상황을 확인하며 앞으로 나아가고 있는 자신을 격려해야 한다.

12주 프로그램의 일부만 써도 괜찮을까? 12주 프로그램을 일부만 쓰겠다는 말은 자동차의 일부만 사용하겠다는 말과 비슷하다. 엔진과 변속기는 마음에 드는데, 속도를 늦추는 브레이크는 쓰고 싶지 않다고 비유할 수 있을까? 12주 프로그램은 있는 그대로 사용할 때 가장 효과적이다. 각 요소는 분명 도움이 되지만, 그보다는 이 프로그램 전체를 사용할 때의 이점이 훨씬 크다.

내 주변에는 글쓰기와 생산성에 관한 책을 많이 읽는 사람이 꽤 있다. 사실 그중 다수가 여러 시스템의 또 다른 부분을 합쳐 새로운 시스템을 만들어낸다. 사람마다 성격이 다르고 환경이나 문제점, 일처리 방식이 다르므로, 자기에게 맞는 방식을 직접 만들려는 마음은 충분히 이해한다.

대부분의 경우 12주 프로그램을 완전하게 활용할 때 그 혜택을 충분히 보리라 확신하지만, 12주 프로그램이 자신에게 잘 맞지 않는다고 느끼는 사람도 있을 것이다. 일단 이 프로그램이 어떤 원리로 운영되며 자신에게 효과가 있을지 충분히 알아보기 바란다. 그렇게 해본 후에도 12주 프로그램을 수정하지 않고 바로 사용하는게 어렵다고 생각된다면, 그때는 나도 말리지 않을 것이다.

12주 계획 실행 중 새로운 아이디어나 기회가 생기면 어떻게 해야 할까? 내 경험상 에피파니epiphany 일상적이고 평범한 대상에서 갑자기 느껴지는 깊은 깨달음이나 통찰_옮긴이는 보통 시간이 지나도 쉽게 사라지지 않는다. 사람들은 굉장히 좋은 아이디어가 생각날 때 즉시 그 아이디어를 붙잡지 않으면 그것이 연기처럼 사라지고, 위대한 작품을 쓸 기회를 영원히 잃어버릴 것이라고 생각한다. 사실 이런 경우는 흔치 않다. 일반적으로는 지치거나 지루해지거나 동기가 약해져 당면 과제에 집중하지 못하고 새로운 프로젝트로 눈을 돌리는 게 더 문제다. 이렇게 주의가 분산되면 글쓰기 생산성이 크게 떨어진다. 지금 진행 중인 작업을 끝내지 못할 때 발생하는 손해는 물론이고 새로운 프로젝트를 시작하는 데 드는 비용까지 모두 감당해야 한다.

사람들은 거의 본능적으로 일하는 것을 피하려 한다. 계획에 있는 실행법도 결국 일이라서, 정해진 실행법을 시행하지 않은 채 계속 미루기만 하면 마음이 무거워진다. 그러다 이른바 에피파니를 경험했다는 핑계로 기존의 작업을 중단해 밀린 실행법을 모두 없애버리려 한다. 12주 계획을 시행하던 중에 새로운 프로젝트를 시작하고 싶은 마음이 든다면, 그저 목표에 도달하는 데 필요한 힘든 과정을 회피하고 싶은 것이 아닌지 솔직하게 자문해보기 바란다.

내 경험을 돌이켜 보면, 정말 훌륭한 아이디어는 스케줄에 넣을 수 있을 때까지 사라지거나 훼손되지 않는다. 물론 중도에 경로를 수정하는 게 바람직한 경우도 있다. 나 역시 굉장히 좋은 아이디어 또는 특별한 기회가 찾아와서 12주 계획을 전면 수정하거나 아예 처음부터 다시 시작한 때가 있었다. 한번은 강의 시간에 대학원생 몇몇과 흥미로운 기사를 읽고 토론을 시작했다. 2시간 넘는 토론은 결국 새로운 연구 프로젝트로 이어졌다. 강의가 끝날 무렵에는 아주 좋은 아이디어라서 저널에 반드시 실리리라는 확신이 들었다. 그래서 진행 중이던 프로젝트를 중단하고, 학생 일곱 명을 동원해서 여름 내내 함께 자료를 모아 4개월 만에 논문 초안을 완성했다. 내 직감은 틀리지 않았다. 그 프로젝트는 큰 성공을 거두었는데, 처음에 예상했던 것보다 훨씬 좋은 결과를 얻었다. 실제로 그 논문은 저널에 실린 내 논문 중에서 지금까지 가장 많이 인용된다.

기존의 계획을 살짝 수정하거나 새로운 내용을 추가하는 것도 한 방법이다. 지금 하는 작업을 중단하기보다는, 중요도가 낮은 실행법 몇 개를 빼고 새로운 아이디어를 연구할 수 있는 실행법을 추가하는 게 나을 때도 있다. 그러고 나서 13주 차에 새로운 12주 프로그램을 계획할 때 어떤 방향으로 가야 할지 다시 생각하면 된다.

12주 계획이 늦어지면, 처음부터 다시 시작해도 될까? 그래도 된다. 인생을 살다 보면 예기치 못한 상황이 벌어지는데, 어떤 때는 전부 포기하고 새로 시작하는 것 외에는 방법이 없다. 하지만 기존 계획을 끝까지 시행하려 노력해보지 않고 새로운 계획을 시작하는 습관이 들지 않도록 주의하기 바란다. 중도에 계획을 수정해야 할 때도 있지만, 그럴 만한 분명한 이유가 있어야 한다.

12주 프로그램을 일상생활에도 써야 할까? 12주 프로그램은 어디에 사용하든 분명히 도움이 된다. 하지만 이 프로그램으로 무엇을 얼마나 성취할지 정할 때 주의할 점이 있다. 모든 일이 다 중요하다고 여기면 정말 중요한 목표를 달성하는 데 꼭 필요한 몇 가지 일에 집중하기 어렵다. 따라서 12주 계획으로 달성하려는 분량을 제한하고, 한두 가지 목표에 초점을 맞춰야 한다. 그렇게 목표를 이룬 다음에 방향을 바꾸어 새로운 목표에 집중하도록 한다. 예를 들어, 책이 곧 나올 예정이라면 다른 일을 제쳐두고 출판 준비에 몰두한다. 일단 그것을 끝낸 후에 12주 프로그램으로 운동 계획을 짜거나 업무 능력 향상을 시도할 수 있다. 출판과 운동, 업무 효율 향상 등 여러 가지 목표를 한꺼번에 시도하는 것보다 순서를 정해 차례대로 시도하는 게 훨씬 효과적이다.

복잡한 계획이 필요하지 않고 계속 이어지는 활동은 굳이 12주 프로그램에 넣을 필요가 없다. 예를 들어, 나는 12주 계획에 운동이나 강의를 넣지 않는다. 매주 이 두 가지 활동에 상당한 시간을 사용하지만, 일상에서 가장 큰 비중을 차지하며 비교적 안정적인 일이기 때문이다. 오랫동안 반복해온 일이라 굳이 계획을 세우지 않아도 잘할 수 있기에, 12주 계획에 넣지 않고 달력에만 간단히 쓴다. 이렇게 하면 전략적 접근과 세심한 주의를 필요로 하는 우선순위 프로젝트 위주로 계획을 세울 수 있다.

1 Richard P. Feynman, "Some remarks on science, pseudoscience, and learning how to not fool yourself", Caltech Commencement Address 1974. https://calteches.library.caltech.edu/51/2/ CargoCult.htm

2 One of the best books discussing the importance of early or "quick" wins is Martha Beck, *The Four-Day Win: End Your Diet and Achieve Thinner Peace* (Rodale 2007). See also Charles Duhigg, *The Power of Habit: Why We Do What We Do in Life and Business* (Random House 2014).

3 Don Kelley and Daryl R. Connor, "The emotional cycle of change", *The 1979 annual handbook for group facilitators. San Diego: University Associates*, 117-122.

4 Daniel Pink, *Drive: The Surprising Truth About What Motivates Us* (Canongate Books 2009); Angela Duckworth, *Grit: The Power of*

Passion and Perseverance (Scribner 2016).

5 The Pomodoro Method was developed by Francesco Cirillo in the 1980s. The writer uses a simple timer to break work into intervals (typically from 25 minutes to an hour), taking breaks in between writing sessions. Pomodoro is the Italian word for tomato, which was the shape of the kitchen timer Cirillo used when he was a student. Learn more at Cirillo's website: https://francescocirillo. com/pages/pomodoro-technique

6 On the importance of deep work and how to stay focused I recommend Cal Newport's excellent book, *Deep Work: Rules for Focused Success in a Distracted World* (Piatkus 2016).

7 Amy N. Dalton and Stephen A. Spiller, "Too Much of a Good Thing: The Benefits of Implementation Intentions Depends on the Number of Goals", *Journal of Consumer Research*, Vol. 39,

October 2012, 600-614(2012).

8 Carol S. Dweck, *Mindset: The New Psychology of Success* (Ballantine Books 2006).

9 Dweck, *Mindset*, p. 86.

10 Angela Duckworth, *Grit: The Power of Passion and Perseverance* (Scribner 2016).

11 Brian P. Moran and Michael Lennington, *The 12 Week Year* (Wiley 2013).

12 Dweck, *Mindset*, p. 7.

13 Dweck, *Mindset*, p. 48.

추가 자료 안내

https://www.getyourwritingdone.com에서 각 실행 단계에 사용할 수 있는 인쇄용 템플릿, 새로운 글쓰기 프로젝트를 구상하는 데 도움이 되는 12주 프로그램의 샘플 및 기타 자료를 다운로드할 수 있다. 이 웹사이트에서 다운로드한 자료의 사용은 www.wiley.com/go/eula에 명시된 사용자 이용 약관 조항과 조건에 따른다.

12주 작가 수업
한 줄을 한 권으로 바꾸는 글쓰기 플랜

2022년 07월 01일 초판1쇄 발행

지은이 트레버 트롤, 브라이언 모런, 마이클 레닝턴
옮긴이 정윤미

펴낸이 김은경
책임편집 강현호
편집 권정희, 이은규
마케팅 박현정, 박선영
디자인 김경미
경영지원 이연정

펴낸곳 ㈜북스톤
주소 서울특별시 성동구 연무장7길 11, 8층
대표전화 02-6463-7000
팩스 02-6499-1706
이메일 info@book-stone.co.kr
출판등록 2015년 1월 2일 제2018-000078호

ISBN 979-11-91211-72-6   (03190)

북스톤은 세상에 오래 남는 책을 만들고자 합니다. 이에 동참을 원하는 독자 여러분의 아이디어와 원고를 기다리고 있습니다. 책으로 엮기를 원하는 기획이나 원고가 있으신 분은 연락처와 함께 이메일 info@book-stone.co.kr로 보내주세요. 돌에 새기듯, 오래 남는 지혜를 전하는 데 힘쓰겠습니다.